LÍNGUA PORTUGUESA

CÉLIA PASSOS

Cursou Pedagogia na Faculdade de Ciências Humanas de Olinda, PE, com licenciaturas em Educação Especial e Orientação Educacional. Professora do Ensino Fundamental e Médio (Magistério), coordenadora escolar e autora de materiais didáticos.

ZENEIDE SILVA

Cursou Pedagogia na Universidade Católica de Pernambuco, com licenciatura em Supervisão Escolar. Pós-graduada em Literatura Infantil. Mestra em Formação de Educador pela Universidade Isla, Vila de Nova Gaia, Portugal. Formação em *coaching*. Professora do Ensino Fundamental, supervisora escolar e autora de materiais didáticos e paradidáticos.

5ª edição
São Paulo
2022

1º ANO
ENSINO FUNDAMENTAL

IBEP

Coleção Eu Gosto Mais
Língua Portuguesa 1º ano
© IBEP, 2022

Diretor superintendente	Jorge Yunes
Diretora adjunta editorial	Célia de Assis
Coordenadora editorial	Viviane Mendes
Editor	RAF Editoria e Serviços
Assistente editorial	Isabelle Ferreira, Isis Lira
Revisores	RAF Editoria e Serviços
Secretaria editorial e processos	Elza Mizue Hata Fujihara
Assistentes de iconografia	RAF Editoria e Serviços
Ilustração	Carlos Jorge Nunes, Karina F./Conexão Editorial, Imaginario Studio, João Anselmo e Izomar, José Luis Juhas/Illustra Cartoon, MS Ilustrações, Vanessa Alexandre
Produção Editorial	Marcelo Ribeiro
Projeto gráfico e capa	Aline Benitez
Diagramação	Nany Produções Gráficas

Dados Internacionais de Catalogação na Publicação (CIP) de acordo com ISBD

P289e	Passos, Célia
	Eu gosto mais Língua Portuguesa 1º ano / Célia Passos, Zeneide Silva. - 5. ed. - São Paulo : IBEP - Instituto Brasileiro de Edições Pedagógicas, 2023. 296 p. : il. ; 20,5cm x 27,5cm.
	Inclui índice e bibliografia. ISBN: 978-65-5696-110-1 ISBN: 978-65-5696-111-8
	1. Ensino Fundamental Anos Iniciais. 2. Livro didático. 3. Português. I. Silva, Zeneide. II. Título.
2022-2637	CDD 372.07 CDU 372.4

Elaborado por Odilio Hilario Moreira Junior - CRB-8/9949

Índice para catálogo sistemático:
1. Educação - Ensino fundamental: Livro didático 372.07
2. Educação - Ensino fundamental: Livro didático 372.4

5ª edição – São Paulo – 2022
Todos os direitos reservados

Rua Gomes de Carvalho, 1306, 12º andar, Vila Olímpia
São Paulo – SP – 04547-005 – Brasil – Tel.: (11) 2799-7799
www.ibep-nacional.com.br   editoras@ibep-nacional.com.br

Impressão - Gráfica Mercurio S.A. - Agosto 2024

APRESENTAÇÃO

QUERIDO ALUNO, QUERIDA ALUNA,

AO ELABORAR ESTA COLEÇÃO, PENSAMOS MUITO EM VOCÊS.

QUEREMOS QUE ESTA OBRA POSSA ACOMPANHÁ-LOS EM SEU PROCESSO DE APRENDIZAGEM PELO CONTEÚDO ATUALIZADO E ESTIMULANTE QUE APRESENTA E PELAS PROPOSTAS DE ATIVIDADES INTERESSANTES E BEM ILUSTRADAS.

NOSSO OBJETIVO É QUE AS LIÇÕES E AS ATIVIDADES POSSAM FAZER VOCÊS AMPLIAREM SEUS CONHECIMENTOS E SUAS HABILIDADES NESSA FASE DE DESENVOLVIMENTO DA VIDA ESCOLAR.

POR MEIO DO CONHECIMENTO, PODEMOS CONTRIBUIR PARA A CONSTRUÇÃO DE UMA SOCIEDADE MAIS JUSTA E FRATERNA: ESSE É TAMBÉM NOSSO OBJETIVO AO ELABORAR ESTA COLEÇÃO.

UM GRANDE ABRAÇO,

AS AUTORAS

SUMÁRIO

LIÇÃO

1 BRINCANDO COM SONS
- VAMOS COMEÇAR! – "SE EU FOSSE UM PEIXINHO" (CANTIGA) 8
- ATIVIDADES – SONS INICIAIS E SONS FINAIS 9
- UM TEXTO PUXA OUTRO – "A SEMANA INTEIRA" (POEMA) 15

2 AS LETRAS
- VAMOS COMEÇAR! – "ABC DA PASSARADA" (POEMA) 18
- ESTUDO DA LÍNGUA – ALFABETO 20
- UM TEXTO PUXA OUTRO – "SERÁ QUE VOCÊ SABE?" (LETRA DE CANÇÃO) 23
- PRODUÇÃO DE TEXTO – VERSOS DE CANÇÃO 27

3 OS NOMES
- VAMOS COMEÇAR! – CONVITE DE ANIVERSÁRIO 30
- ESTUDO DA LÍNGUA – LETRAS MAIÚSCULAS E MINÚSCULAS 32
  VOGAIS E CONSOANTES 36
- EU GOSTO DE APRENDER MAIS 42
- UM TEXTO PUXA OUTRO – "MEU ANIVERSÁRIO" (QUADRINHA) 44
- PRODUÇÃO DE TEXTO – CONVITE 46

4 A BALEIA
- VAMOS COMEÇAR! – "A BALEIA" (CANTIGA) 50
- ESTUDO DA LÍNGUA – **LETRA B**
  BA, BE, BI, BO, BU 52
- EU GOSTO DE APRENDER MAIS 56

5 COCO DE VINTÉM
- VAMOS COMEÇAR! – "COCO DE VINTÉM" (CANTIGA) 60
- ESTUDO DA LÍNGUA – **LETRA C**
  CA, CO, CU 61
  CE, CI 65
  ÇA, ÇO, ÇU 68
- UM TEXTO PUXA OUTRO – "ESPERANDO POR VOCÊ" (POEMA) 70
- PRODUÇÃO DE TEXTO – CANTIGA 72

6 O DADO DOADO
- VAMOS COMEÇAR! – "DADO" (POEMA) 76
- ESTUDO DA LÍNGUA – **LETRA D**
  DA, DE, DI, DO, DU 78
- UM TEXTO PUXA OUTRO – "COM **D** ESCREVO DELÍCIA" (POEMA) 82
- PRODUÇÃO DE TEXTO – LISTA DE PALAVRAS 84

7 ERA UMA VEZ UMA FADA
- VAMOS COMEÇAR! – "ERA UMA VEZ" (POEMA) 88
- ESTUDO DA LÍNGUA – **LETRA F**
  FA, FE, FI, FO, FU 90
- EU GOSTO DE APRENDER MAIS 95
- UM TEXTO PUXA OUTRO – "ERA UMA VEZ" (POEMA) 97
- PRODUÇÃO DE TEXTO – POEMA 98

LIÇÃO

8 É GATO OU NÃO É?
- VAMOS COMEÇAR! – "O QUE É, O QUE É?" (ADIVINHAS) 100
- ESTUDO DA LÍNGUA – LETRA G
  - GA, GO, GU 102
  - GE, GI 105
  - GUE, GUI 106
  - GUA, GUO 107
- UM TEXTO PUXA OUTRO – "MAS QUE BICHO ESTRANHO É ESSE?" (ADIVINHA) 108
- PRODUÇÃO DE TEXTO – ADIVINHAS 109

9 ORA, HORA!
- VAMOS COMEÇAR! – "ORA, HORA!" (POEMA) 112
- ESTUDO DA LÍNGUA – LETRA H
  - HA, HE, HI, HO, HU 114
  - NHA, NHE, NHI, NHO, NHU 117
  - LHA, LHE, LHI, LHO, LHU 118
  - CHA, CHE, CHI, CHO, CHU 118
- UM TEXTO PUXA OUTRO – "COM H ESCREVO" (POEMA) 121
- PRODUÇÃO DE TEXTO – LISTA DE PALAVRAS 123

10 QUAL É O ANIMAL?
- VAMOS COMEÇAR! – "QUAL É O ANIMAL?" (ADIVINHAS) 126
- ESTUDO DA LÍNGUA – LETRA J
  - JA, JE, JI, JO, JU 128
- UM TEXTO PUXA OUTRO – "JACARÉ LETRADO" (POEMA VISUAL) 132
- PRODUÇÃO DE TEXTO – POEMA VISUAL 133

11 TÁ PRONTO, SEU LOBO?
- VAMOS COMEÇAR! – "TÁ PRONTO, SEU LOBO?" (PARLENDA) 136
- ESTUDO DA LÍNGUA – LETRA L
  - LA, LE, LI, LO, LU 138
  - AL, EL, IL, OL, UL 142
  - BL, CL, FL, GL, PL, TL 143
- EU GOSTO DE APRENDER MAIS 144
- PRODUÇÃO DE TEXTO – PARLENDA 145

12 O MACACO FOI À FEIRA
- VAMOS COMEÇAR! – "O MACACO FOI À FEIRA" (PARLENDA) 148
- ESTUDO DA LÍNGUA – LETRA M
  - MA, ME, MI, MO, MU 150
  - AM, EM, IM, OM, UM 154
- UM TEXTO PUXA OUTRO – "OLHA SÓ A MACACADA" (POEMA) 156
- PRODUÇÃO DE TEXTO – PARLENDA 157

LIÇÃO

13 DE NOEMI PARA LUANA
- **VAMOS COMEÇAR!** – BILHETE 160
- **ESTUDO DA LÍNGUA** – **LETRA N**
  NA, NE, NI, NO, NU 162
  AN, EN, IN, ON, UN 166
- **UM TEXTO PUXA OUTRO** – "O PORTO" (PINTURA) 168
- **PRODUÇÃO DE TEXTO** – BILHETE 170

14 DE PAULA PARA OS PAIS
- **VAMOS COMEÇAR!** – BILHETE 172
- **ESTUDO DA LÍNGUA** – **LETRA P**
  PA, PE, PI, PO, PU 174
- **UM TEXTO PUXA OUTRO** – "O PEQUENO PRÍNCIPE" (SINOPSE DE LIVRO) 178
- **PRODUÇÃO DE TEXTO** – BILHETE 179

15 A QUITUTEIRA DO QUILOMBO
- **VAMOS COMEÇAR!** – "A QUITUTEIRA DO QUILOMBO" (CONTO) 182
- **ESTUDO DA LÍNGUA** – **LETRA Q**
  QUE, QUI 185
  QUA, QUO 186
- **UM TEXTO PUXA OUTRO** – "MERGULHO PROFUNDO" (REPORTAGEM) 187
- **PRODUÇÃO DE TEXTO** – RELATO DE EXPERIÊNCIA PESSOAL 189

16 O RATO ROMEU
- **VAMOS COMEÇAR!** – "O RATO ROMEU" (TRAVA-LÍNGUA) 192
- **ESTUDO DA LÍNGUA** – **LETRA R**
  RA, RE, RI, RO, RU 194
  PALAVRAS COM **R** ENTRE VOGAIS 198
  PALAVRAS COM **RR** 199
  AR, ER, IR, OR, UR 200
  BR, CR, DR, FR, GR, PR, TR, VR 202
- **UM TEXTO PUXA OUTRO** – TRAVA-LÍNGUA 203
- **PRODUÇÃO DE TEXTO** – TRAVA-LÍNGUA 205

17 O SAPO E O SACO
- **VAMOS COMEÇAR!** – "OLHA O SAPO DENTRO DO SACO" (TRAVA-LÍNGUA) 208
- **ESTUDO DA LÍNGUA** – **LETRA S**
  SA, SE, SI, SO, SU 209
  PALAVRAS COM **S** ENTRE VOGAIS (SOM DE **Z**) 212
  PALAVRAS COM **SS** 213
  AS, ES, IS, OS, US 214
- **UM TEXTO PUXA OUTRO** – TRAVA-LÍNGUAS 215
- **PRODUÇÃO DE TEXTO** – TRAVA-LÍNGUA 217

LIÇÃO

18 O TELEFONE E O FIO
- VAMOS COMEÇAR! – "TELEFONE SEM FIO", "FIO SEM TELEFONE" (QUADRINHA)..................220
- ESTUDO DA LÍNGUA – **LETRA T**
  TA, TE, TI, TO, TU....................224
- UM TEXTO PUXA OUTRO – "TELEFONE SEM FIO" (POEMA)..................228
- PRODUÇÃO DE TEXTO – POEMA..................229

19 A VACA E O LEITE
- VAMOS COMEÇAR! – "LEITE DE VACA", "VACA DE LEITE" (QUADRINHA)..................232
- ESTUDO DA LÍNGUA – **LETRA V**
  VA, VE, VI, VO, VU....................234
- UM TEXTO PUXA OUTRO – QUADRINHAS..................239
- PRODUÇÃO DE TEXTO – QUADRINHA..................241

20 O GATINHO XEXÉU
- VAMOS COMEÇAR! – "O GATINHO XEXÉU" (CONTO)..................244
- ESTUDO DA LÍNGUA – **LETRA X**
  XA, XE, XI, XO, XU....................246
  OUTROS SONS DO **X**....................251
- UM TEXTO PUXA OUTRO – "X DE XÍCARA, DE XIXI" (QUADRINHA)..................252
- PRODUÇÃO DE TEXTO – CONTO..................253

21 POR QUE AS ZEBRAS SÃO LISTRADAS?
- VAMOS COMEÇAR! – "POR QUE AS ZEBRAS SÃO LISTRADAS?" (ARTIGO DE DIVULGAÇÃO CIENTÍFICA)..................254
- ESTUDO DA LÍNGUA – **LETRA Z**
  ZA, ZE, ZI, ZO, ZU....................258
  AZ, EZ, IZ, OZ, UZ....................261
- PRODUÇÃO DE TEXTO – ÁLBUM ILUSTRADO..................262

22 GUAYNÊ DO POVO MAWÉ
- VAMOS COMEÇAR! – "GUAYNÊ DERROTA A COBRA GRANDE: UMA HISTÓRIA INDÍGENA" (SINOPSE DE LIVRO)..................264
- ESTUDO DA LÍNGUA
  LETRAS **K**, **W** E **Y**....................266
- UM TEXTO PUXA OUTRO – "K Y W" (POEMA)..................268
- PRODUÇÃO DE TEXTO – LISTA DE PALAVRAS..................271

REFERÊNCIAS..................272
ALMANAQUE..................273
ADESIVOS..................289

BRINCANDO COM SONS

VAMOS COMEÇAR!

1 CANTE ESTE TRECHO DE CANTIGA COM O PROFESSOR E OS COLEGAS.

SE EU FOSSE UM PEIXINHO
E SOUBESSE NADAR,
EU TIRAVA A ALINE
DO FUNDO DO MAR.

DOMÍNIO PÚBLICO.

2 CANTE NOVAMENTE, BATENDO PALMAS AO PRONUNCIAR A ÚLTIMA PALAVRA DE CADA LINHA.

3 AGORA CANTE TROCANDO O NOME **ALINE** PELO NOME DO COLEGA QUE O PROFESSOR INDICAR.

ATIVIDADES

1 NAS ATIVIDADES DAS PRÓXIMAS PÁGINAS, VOCÊ VAI ENCONTRAR AS FIGURAS A SEGUIR. COM A AJUDA DO PROFESSOR, FALE EM VOZ ALTA O NOME DE CADA UMA DELAS.

2 AS PALAVRAS PODEM COMEÇAR COM SONS IGUAIS. VEJA.

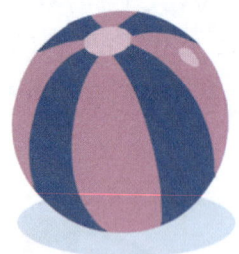 

BOLA COMEÇA COM O MESMO SOM DE **BOTA**.

CADEIRA COMEÇA COM O MESMO SOM DE **CAVALO**.

3 FALE OUTRAS PALAVRAS QUE COMEÇAM COMO **BOLA** E **CADEIRA**.

4 VEJA AS FIGURAS QUE ESTÃO EM CADA QUADRO DA PÁGINA SEGUINTE E, COM A AJUDA DO PROFESSOR, FALE O NOME DELAS EM VOZ ALTA.

- RECORTE AS FIGURAS QUE ESTÃO NA PÁGINA 289.
- FALE O NOME DE CADA FIGURA QUE VOCÊ RECORTOU PARA DESCOBRIR QUAIS COMEÇAM COM O MESMO SOM.
- COLE AS FIGURAS NOS QUADROS A SEGUIR, DE ACORDO COM O SOM INICIAL. VOCÊ JÁ SABE QUE **BOTA** COMBINA COM **BOLA** E **CADEIRA** COMBINA COM **CAVALO**.

BOLA

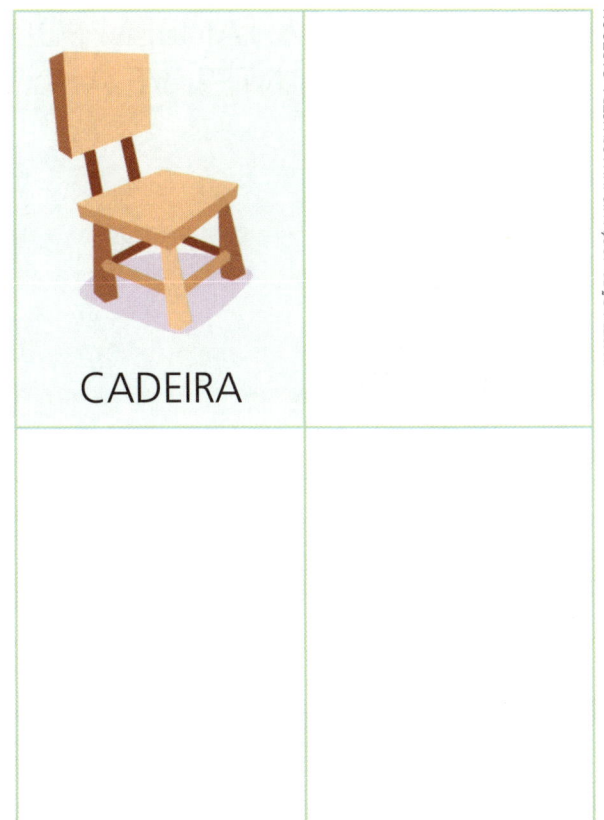

CADEIRA

MACACO

PETECA

5 AS PALAVRAS TAMBÉM PODEM TERMINAR COM SONS IGUAIS OU SEMELHANTES. VEJA.

CORAÇÃO TERMINA COM O MESMO SOM DE **AVIÃO**.

JANELA TERMINA COM O MESMO SOM DE **PANELA**.

6 FALE OUTRAS PALAVRAS QUE TERMINAM COMO **CORAÇÃO** E **JANELA**.

7 VEJA AS FIGURAS QUE ESTÃO EM CADA QUADRO DA PÁGINA SEGUINTE E, COM A AJUDA DO PROFESSOR, FALE O NOME DELAS EM VOZ ALTA.

- RECORTE AS FIGURAS QUE ESTÃO NA PÁGINA 292.

- FALE O NOME DE CADA FIGURA QUE VOCÊ RECORTOU PARA DESCOBRIR QUAIS TERMINAM COM O MESMO SOM.

- COLE AS FIGURAS NOS QUADROS A SEGUIR, DE ACORDO COM O SOM FINAL. VOCÊ JÁ SABE QUE **CORAÇÃO** COMBINA COM **AVIÃO** E **JANELA** COMBINA COM **PANELA**.

CORAÇÃO

ABELHA

JANELA

TOURO

8 COM A AJUDA DO PROFESSOR, FALE O NOME DAS FIGURAS BATENDO UMA PALMA PARA CADA PARTE DA PALAVRA.

 CORAÇÃO  TIGELA

 CAMINHÃO  BESOURO

 OVELHA  TESOURO

 ABELHA  CAVALO

 JANELA  CABIDE

 PANELA  MACACO

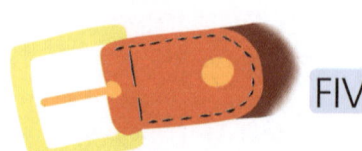 FIVELA  MALETA

AS PALAVRAS DESTACADAS EM AZUL TAMBÉM ESTÃO NA SEÇÃO **AMPLIANDO O VOCABULÁRIO**.

UM TEXTO PUXA OUTRO

ESCUTE A LEITURA DO PROFESSOR.

A SEMANA INTEIRA

A SEGUNDA FOI À FEIRA,
PRECISAVA DE FEIJÃO;
A TERÇA FOI À FEIRA,
PRA COMPRAR UM PIMENTÃO;
A QUARTA FOI À FEIRA,
PRA BUSCAR QUIABO E PÃO;
A QUINTA FOI À FEIRA,
POIS GOSTAVA DE AGRIÃO;
A SEXTA FOI À FEIRA,
TEM BANANA? TEM MAMÃO?

SÁBADO NÃO TEM FEIRA
E DOMINGO TAMBÉM NÃO.

SÉRGIO CAPPARELLI. *111 POEMAS PARA CRIANÇAS*. PORTO ALEGRE: L&PM, 2003. P. 17.

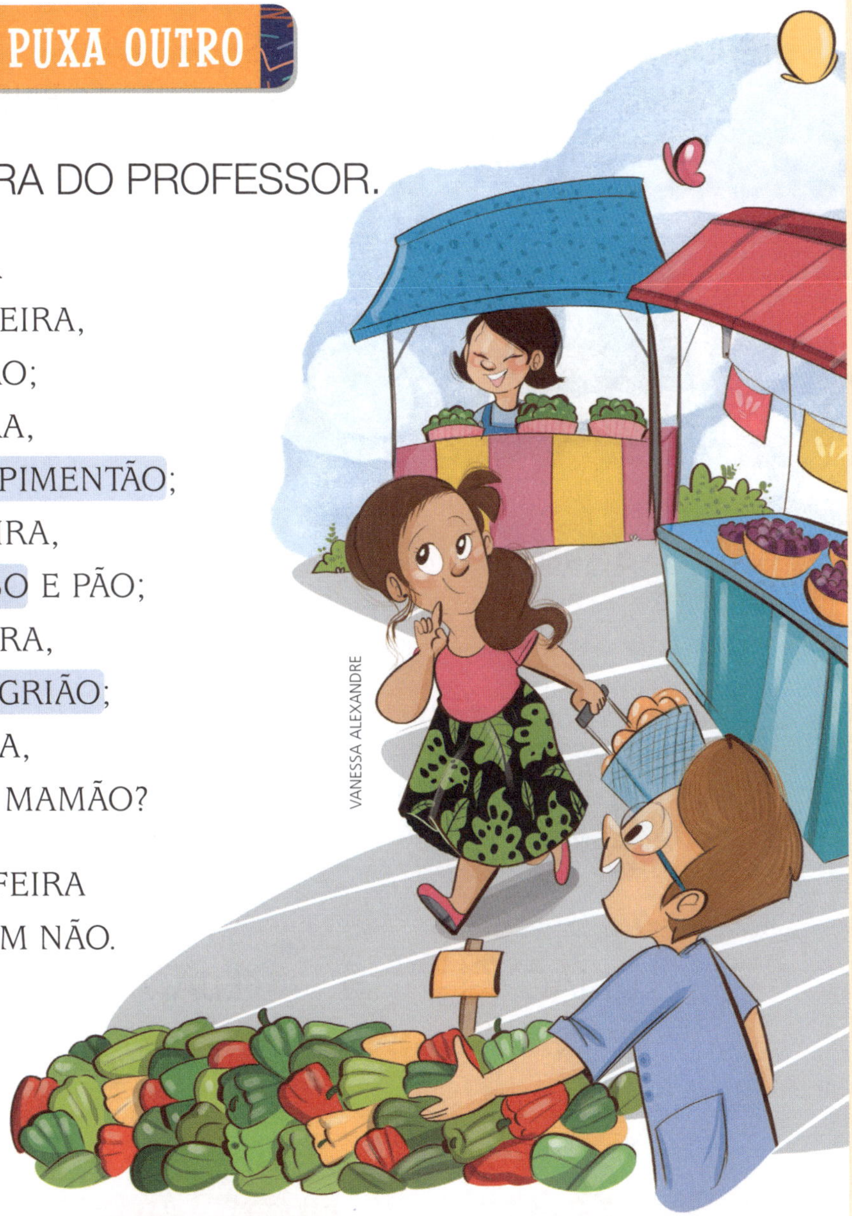

VANESSA ALEXANDRE

LEIA MAIS

L&PM EDITORES

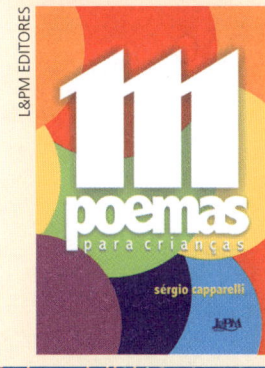

111 POEMAS PARA CRIANÇAS

SÉRGIO CAPPARELLI. PORTO ALEGRE: L&PM, 2003.

NESTE LIVRO, COMO INFORMA O TÍTULO, HÁ 111 POEMAS PARA CRIANÇAS QUE ABORDAM OS MAIS DIVERSOS ASSUNTOS DO UNIVERSO INFANTIL.

1. COM A AJUDA DO PROFESSOR, FALE O NOME DOS ALIMENTOS MOSTRADOS NAS IMAGENS. ELES TERMINAM COM O MESMO SOM.

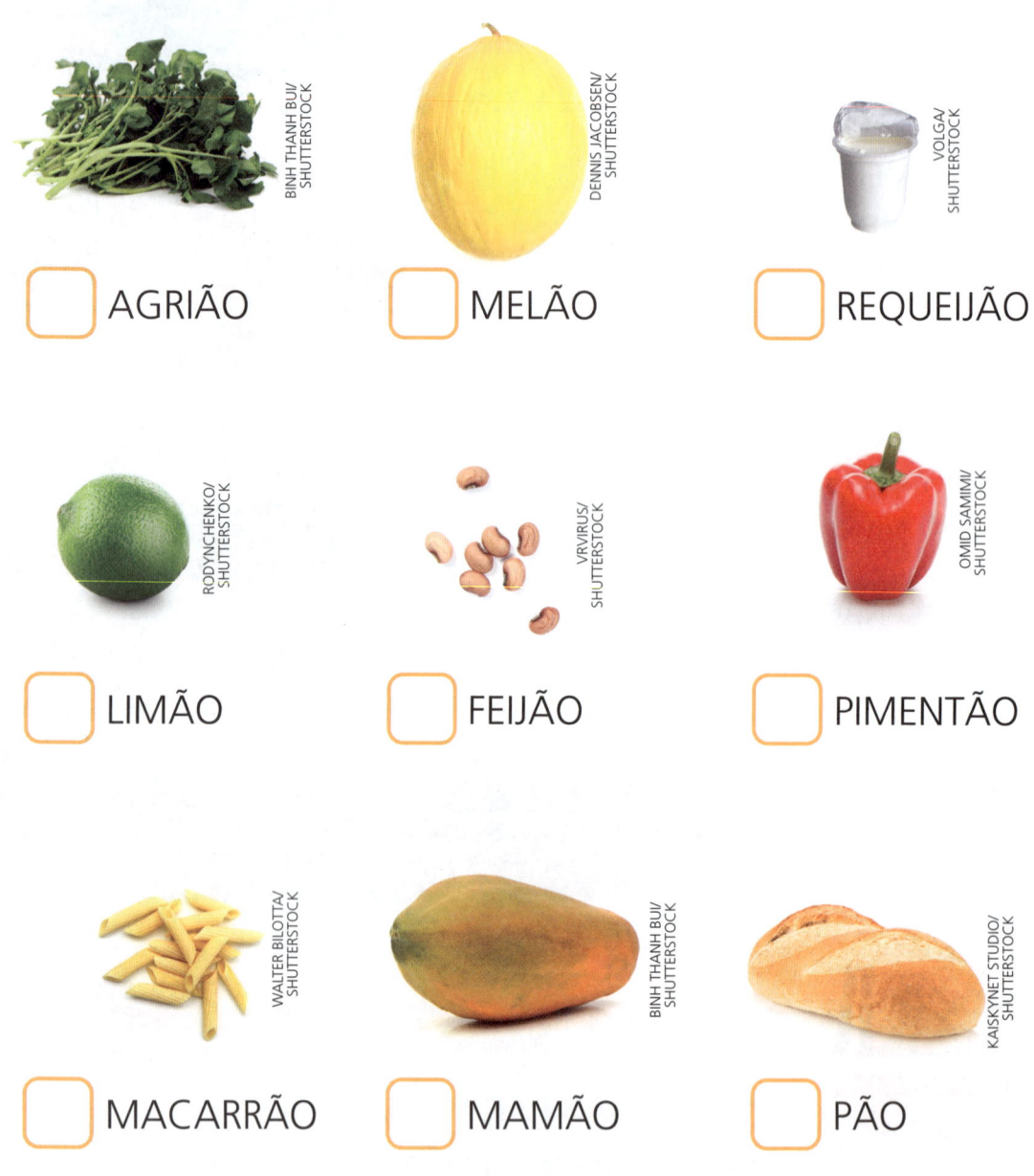

☐ AGRIÃO ☐ MELÃO ☐ REQUEIJÃO

☐ LIMÃO ☐ FEIJÃO ☐ PIMENTÃO

☐ MACARRÃO ☐ MAMÃO ☐ PÃO

2. MARQUE **X** NOS ALIMENTOS CITADOS NO TEXTO.

3. VOCÊ JÁ FOI À FEIRA? PERGUNTE ÀS PESSOAS DA SUA FAMÍLIA O QUE SE COMPRA EM UMA FEIRA.

AMPLIANDO O VOCABULÁRIO

AGRIÃO
ERVA VERDE, RICA EM MINERAIS, USADA PARA FAZER SALADAS, SUCOS E XAROPES.

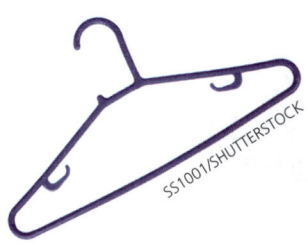

CABIDE
PEDAÇO DE MADEIRA, PLÁSTICO OU ARAME CURVO COM UM GANCHO QUE SE PÕE DENTRO DOS ARMÁRIOS PARA PENDURAR PALETÓS, CAMISAS, SAIAS ETC.

FIVELA
1. PEÇA USADA PARA PRENDER OS LADOS DE UM CINTO, DE UMA CORREIA DE SANDÁLIA E DE OUTRAS PEÇAS DE VESTUÁRIO.
2. PEÇA USADA PARA PRENDER O CABELO.

PIMENTÃO
LEGUME USADO PARA ACOMPANHAR CARNES, POR EXEMPLO. PODE SER VERDE, VERMELHO OU AMARELO.

QUIABO
LEGUME COMPRIDO E FINO, DE COR VERDE. É CONSUMIDO, EM GERAL, REFOGADO.

LIÇÃO 2
AS LETRAS

VAMOS COMEÇAR!

 ESCUTE A LEITURA QUE O PROFESSOR VAI FAZER.

ABC DA PASSARADA

ANDORINHA
BEM-TE-VI
COLEIRINHA
DORMINHOCO
EMA
FALCÃO
GRAÚNA
HARPIA
INHAMBU
JACUTINGA
LINDO-AZUL
MAINÁ

NOIVINHA
OITIBÓ
PINTASSILGO
QUIRIRI
ROLINHA
SABIÁ
TICO-TICO
UIRAPURU
VIUVINHA
XEXÉU
ZABELÊ

LALAU E LAURABEATRIZ. *ZUM-ZUM-ZUM E OUTRAS POESIAS*. SÃO PAULO: COMPANHIA DAS LETRINHAS, 2007. P. 50-51.

ESTUDO DO TEXTO

O TEXTO QUE O PROFESSOR LEU É UM **POEMA**. CADA LINHA DE UM POEMA CHAMA-SE **VERSO**.

1 MARQUE UM **X** NA INFORMAÇÃO CORRETA.

A) O TÍTULO DO POEMA É:

☐ ZUM-ZUM-ZUM E OUTRAS POESIAS.

☐ ABC DA PASSARADA.

B) EM CADA VERSO DO POEMA HÁ UM NOME DE:

☐ AVE.   ☐ PESSOA.

2 COPIE UM VERSO DO POEMA.

_____

3 COM QUE LETRA COMEÇA O VERSO QUE VOCÊ COPIOU NA ATIVIDADE 2?

COM A LETRA ☐ .

4 CIRCULE A PRIMEIRA LETRA DE CADA PALAVRA DO POEMA. MARQUE UM **X** NA RESPOSTA E COMPLETE A FRASE. ALGUM VERSO DO POEMA COMEÇA COM A MESMA LETRA DO SEU NOME?

☐ SIM. O VERSO _____, QUE COMEÇA COM A LETRA ____.

☐ NÃO. MEU NOME COMEÇA COM A LETRA ____.

ESTUDO DA LÍNGUA

ALFABETO

PARA ESCREVER AS PALAVRAS QUE FALAMOS, USAMOS AS 26 **LETRAS** DO **ALFABETO**.
AS LETRAS REPRESENTAM OS **SONS** DA FALA.
QUANDO APRENDEMOS A JUNTAR AS LETRAS CORRETAMENTE, CONSEGUIMOS FORMAR PALAVRAS. PARA ISSO, PRECISAMOS CONHECER OS SONS QUE AS LETRAS TÊM.

1 FALE O NOME DE CADA LETRA EM VOZ ALTA, COM O PROFESSOR E OS COLEGAS.

2 CADA LETRA TEM UM SOM. PRESTE ATENÇÃO AO SOM QUE O PROFESSOR VAI FALAR. DEPOIS, REPITA COM ELE.

3 PINTE AS LETRAS DO SEU NOME NO ALFABETO. DEPOIS, FALE PARA O PROFESSOR O NOME E SOM DAS LETRAS QUE VOCÊ PINTOU.

4 RECORTE AS LETRAS MÓVEIS DAS PÁGINAS 273 A 285, SEGUINDO AS ORIENTAÇÕES DO PROFESSOR.

A) FORME SEU NOME COM AS LETRAS MÓVEIS E MOSTRE PARA O PROFESSOR.

B) COPIE SEU NOME NO ESPAÇO ABAIXO.

C) QUANTAS LETRAS TEM SEU NOME?

D) EM SEU NOME HÁ ALGUMA LETRA QUE SE REPETE? QUAL?

E) VOCÊ CONHECE OUTRO NOME QUE COMEÇA COM A MESMA LETRA DO SEU?

5 PARTICIPE DE UMA BRINCADEIRA.

- ESCREVA SEU NOME NO QUADRO.

- O PROFESSOR VAI FALAR UMA LETRA DE CADA VEZ. SE ESSA LETRA APARECER EM SEU NOME, CIRCULE-A COM LÁPIS DE COR.

- QUANDO VOCÊ CIRCULAR TODAS AS LETRAS, FALE SEU NOME EM VOZ ALTA PARA OS COLEGAS.

LAURA

6 O PROFESSOR VAI NOMEAR E ESCREVER NA LOUSA UMA LETRA DO ALFABETO.

A) CONVERSE COM OS COLEGAS E DIGA PALAVRAS INICIADAS POR ESSA LETRA. O PROFESSOR VAI FAZER UMA LISTA.

B) ESCOLHA UMA PALAVRA DA LISTA.

C) FORME ESSA PALAVRA COM AS LETRAS MÓVEIS.

D) COPIE A PALAVRA QUE VOCÊ FORMOU.

_____

E) QUANTAS LETRAS ESSA PALAVRA TEM? CONTE E ESCREVA. ☐

7 AGORA É SUA VEZ.

A) ESCOLHA OUTRA LETRA DO ALFABETO E ESCREVA. ☐

B) PENSE EM UMA PALAVRA INICIADA POR ESSA LETRA.

C) FAÇA UM DESENHO PARA REPRESENTAR A PALAVRA QUE VOCÊ PENSOU.

D) USE AS LETRAS MÓVEIS PARA ESCREVER ESSA PALAVRA.

E) COPIE A PALAVRA E ESCREVA QUANTAS LETRAS ELA TEM.

_____ ☐

UM TEXTO PUXA OUTRO

VOCÊ SABE O NOME DE UMA FRUTA QUE COMEÇA COM A LETRA **A**? E O NOME DE UM ANIMAL QUE COMEÇA COM A LETRA **P**?

ESCUTE A MÚSICA QUE O PROFESSOR VAI CANTAR. DEPOIS, CANTE TAMBÉM.

SERÁ QUE VOCÊ SABE?

[...]
QUERO VER SE VOCÊ SABE
QUERO VER QUEM É QUE DIZ:
O NOME DE UMA FRUTA
QUE COMECE COM A LETRA **A**
ABACATE, ABACAXI, AMEIXA, AÇAÍ
[...]

QUERO VER SE VOCÊ SABE
QUERO VER QUEM É QUE DIZ:
UM NOME DE ANIMAL
QUE COMECE COM A LETRA **P**
PORCO, PATO, PINTINHO, POLVO
[...]

LU HAILER E MARCO HAILER.
SERÁ QUE VOCÊ SABE? *CANTANTE 2*.
SÃO PAULO: CARAMBOLA, 2013. CD.

 AS LETRAS DAS CANÇÕES, ASSIM COMO OS POEMAS, COSTUMAM SER ORGANIZADAS EM VERSOS. CADA CONJUNTO DE VERSOS É UMA **ESTROFE**.

1 ESCUTE O QUE O PROFESSOR VAI LER. DEPOIS, MARQUE UM **X** NA RESPOSTA CORRETA.

A) NA LETRA DA CANÇÃO, HÁ PALAVRAS QUE COMEÇAM COM **A**. ESSAS PALAVRAS SÃO:

☐ NOMES DE FRUTAS.

☐ NOMES DE ANIMAIS.

B) OS NOMES DE ANIMAIS QUE APARECEM NA LETRA DA CANÇÃO COMEÇAM:

☐ COM A LETRA **A**.

☐ COM A LETRA **P**.

2 COM A AJUDA DO PROFESSOR, LEIA ESTAS LISTAS:

ABACATE
ABACAXI
AMEIXA
AÇAÍ

PORCO
PATO
PINTINHO
POLVO

MS ILUSTRAÇÕES

AGORA, RESPONDA:

A) HÁ QUANTAS PALAVRAS EM CADA LISTA? ☐

B) DE QUE COR É A LISTA COM NOMES DE ANIMAIS? PINTE O QUADRINHO COM ESSA COR.

☐

3 COM A AJUDA DO PROFESSOR, ESCREVA O NOME DE CADA FRUTA.

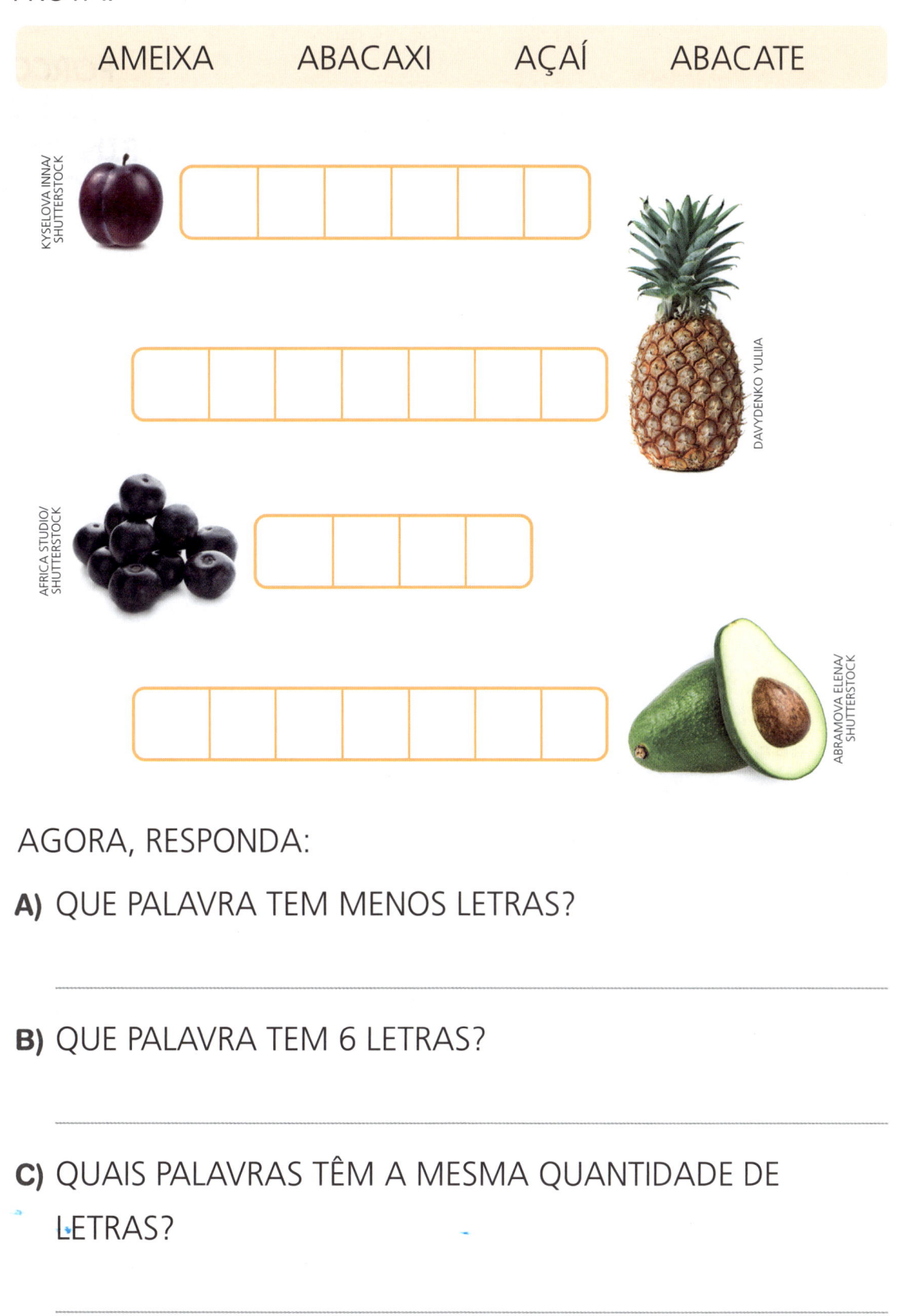

AMEIXA   ABACAXI   AÇAÍ   ABACATE

AGORA, RESPONDA:

A) QUE PALAVRA TEM MENOS LETRAS?

_____

B) QUE PALAVRA TEM 6 LETRAS?

_____

C) QUAIS PALAVRAS TÊM A MESMA QUANTIDADE DE LETRAS?

_____

4 COMPLETE OS NOMES DOS ANIMAIS COM AS LETRAS QUE FALTAM.

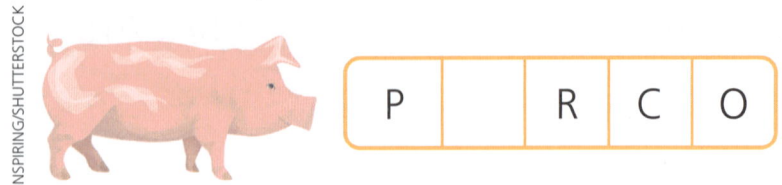

PORCO
PATO
PINTINHO
POLVO

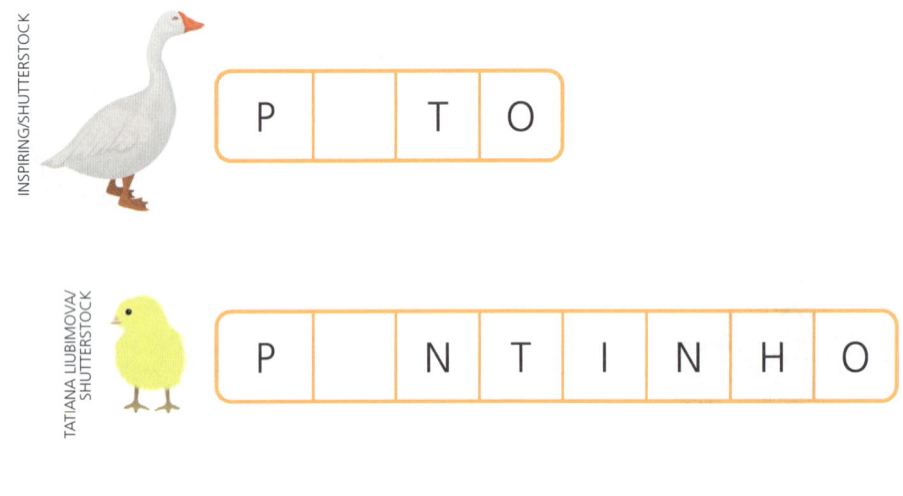

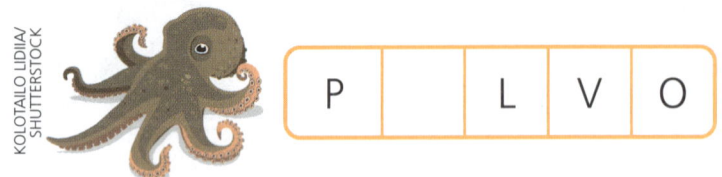

AGORA, RESPONDA:

A) QUE PALAVRA TEM MAIS LETRAS?
_____

B) QUE PALAVRA TEM 4 LETRAS?
_____

C) QUAIS PALAVRAS TÊM A MESMA QUANTIDADE DE LETRAS?
_____

PRODUÇÃO DE TEXTO

1 REÚNA-SE COM UM COLEGA. COM A AJUDA DO PROFESSOR, ESCREVAM OUTROS VERSOS PARA A CANÇÃO **SERÁ QUE VOCÊ SABE?** DEPOIS, ILUSTRE OS VERSOS.

QUERO VER SE VOCÊ SABE

QUERO VER QUEM É QUE DIZ:

O NOME DE _____

QUE COMECE COM A LETRA _____

- FORME UMA RODA COM TODA A TURMA.
- LEIA PARA ELES COMO VOCÊ E SEU COLEGA COMPLETARAM O TEXTO.
- RECITE COM SEU COLEGA OS VERSOS QUE VOCÊS ESCREVERAM.

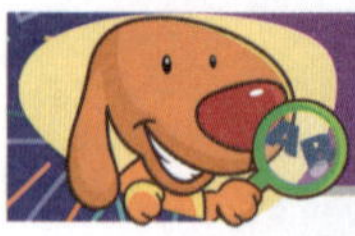

AMPLIANDO O VOCABULÁRIO

NEW AFRICA/SHUTTERSTOCK

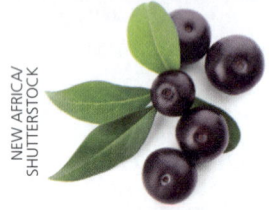

AÇAÍ

FRUTO DE COR ROXA USADO PARA FAZER ALIMENTOS E BEBIDAS.

EDUARDO MENEZES/SHUTTERSTOCK

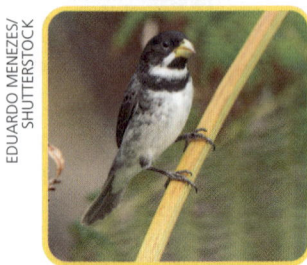

COLEIRINHA

1. COLEIRA PEQUENA.

2. ESPÉCIE DE AVE.

RICARDO DE PAULA FERREIRA/SHUTTERSTOCK

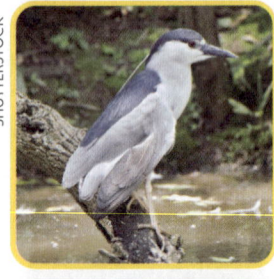

DORMINHOCO

1. QUE DORME MUITO.

2. ESPÉCIE DE AVE.

GUENTERMANAUS/SHUTTERSTOCK

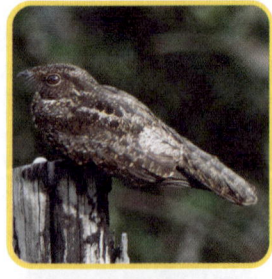

OITIBÓ

ESPÉCIE DE AVE.

RICARDO DE PAULA FERREIRA/SHUTTERSTOCK

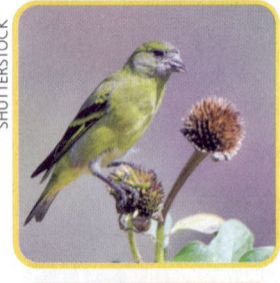

PINTASSILGO

AVE CANTORA QUE VIVE EM VÁRIAS REGIÕES DO MUNDO.

RAFAEL GUILLEN/SHUTTERSTOCK

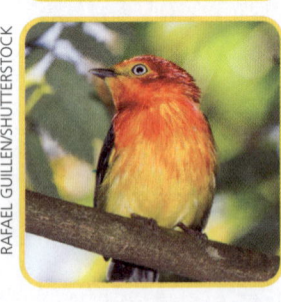

UIRAPURU

PÁSSARO DE PLUMAGEM COLORIDA. DIZ A LENDA QUE SEU CANTO É TÃO MELODIOSO QUE OS OUTROS PÁSSAROS SE CALAM PARA PODER OUVI-LO.

LEIA MAIS

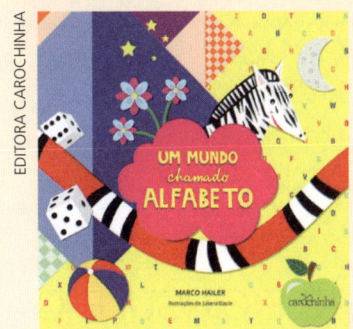

UM MUNDO CHAMADO ALFABETO

MARCO HAILER. SÃO PAULO: CAROCHINHA, 2017.

NESSE LIVRO, AS LETRAS SE COMBINAM PARA DAR NOME A TUDO O QUE EXISTE.

ABC QUER BRINCAR COM VOCÊ

JOSÉ SANTOS E ALCY. SÃO PAULO: COMPANHIA EDITORA NACIONAL, 2008.

ESSE LIVRO É UM ABECEDÁRIO ILUSTRADO, COM POEMAS PARA CADA LETRA DO ALFABETO.

TURMA DA MÔNICA – APRENDENDO O ABC

MAURICIO DE SOUSA. BARUERI: CIRANDA CULTURAL, 2017.

NESSE LIVRO VOCÊ VAI APRENDER O ALFABETO COM A TURMA DA MÔNICA.

ZUM-ZUM-ZUM E OUTRAS POESIAS

LALAU E LAURABEATRIZ. SÃO PAULO: COMPANHIA DAS LETRINHAS, 2007.

NESTA OBRA, OS AUTORES REÚNEM 39 POEMAS DE OUTROS LIVROS QUE ESCREVERAM.

OS NOMES

VAMOS COMEÇAR!

OBSERVE O CONVITE DE ANIVERSÁRIO.
ENCONTRE O NOME DO ANIVERSARIANTE E CIRCULE-O.
DEPOIS, ESCUTE A LEITURA DO PROFESSOR.

VAMOS COMEMORAR MEU ANIVERSÁRIO DE 7 ANOS?

DATA: 3 DE JUNHO

HORA: 4 HORAS DA TARDE

LOCAL: NA MINHA CASA

MATEUS

ESTUDO DO TEXTO

1 COPIE O NOME DO ANIVERSARIANTE.

_____

2 QUANTOS ANOS O ANIVERSARIANTE VAI FAZER? PINTE O BOLO QUE TEM O NÚMERO DE VELAS CORRESPONDENTE.

3 ESCREVA O DIA E O MÊS EM QUE SERÁ COMEMORADO O ANIVERSÁRIO.

DIA: _____ MÊS: _____

4 CONVERSE COM OS COLEGAS.

A) QUAL É O LOCAL DA FESTA?

B) DE QUE OUTRA FORMA MATEUS PODERIA INDICAR O LOCAL DA FESTA?

C) É POSSÍVEL SABER QUEM VAI RECEBER ESSE CONVITE DO MATEUS? POR QUÊ?

LETRAS MAIÚSCULAS E MINÚSCULAS

AS LETRAS PODEM SER MAIÚSCULAS OU MINÚSCULAS, DE IMPRENSA OU CURSIVAS.

1 OBSERVE E LEIA AS LETRAS DO ALFABETO.

A a	B b	C c	D d	E e
F f	G g	H h	I i	J j

K k	L l	M m	N n
O o	P p	Q q	R r
S s	T t	U u	V v
W w	X x	Y y	Z z

2 COPIE O ALFABETO MINÚSCULO.

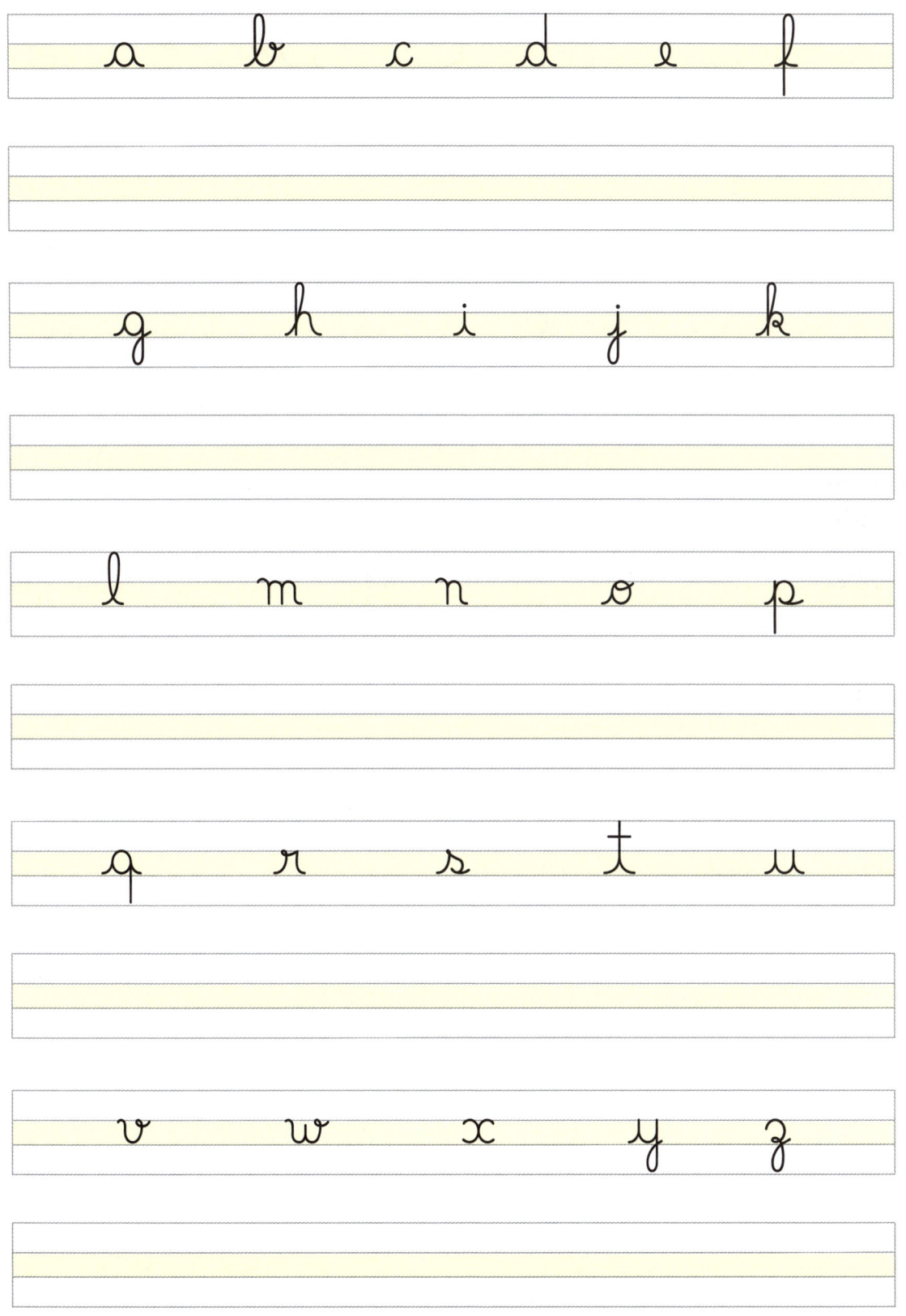

3 COPIE O ALFABETO MAIÚSCULO.

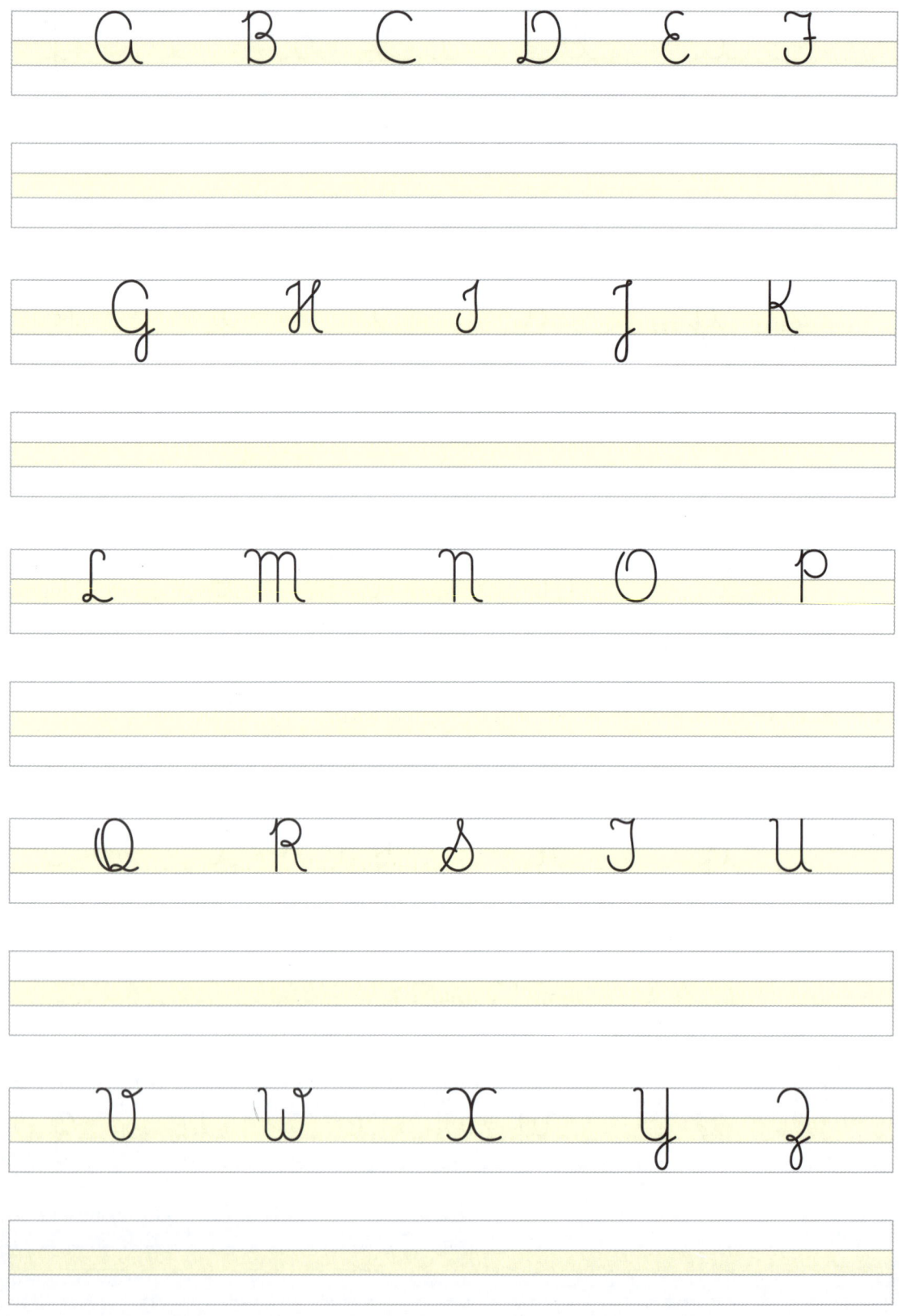

4 OUÇA O NOME DAS FIGURAS E ESCREVA A PRIMEIRA LETRA DE CADA UMA.

5 RECORTE, MONTE E COMPLETE O CRACHÁ DA PÁGINA 287. DEIXE SEU CRACHÁ SOBRE A MESA.

A) ESCREVA UMA LETRA DO ALFABETO NO QUADRINHO.

B) PROCURE NOS CRACHÁS UM NOME INICIADO PELA LETRA QUE VOCÊ ESCREVEU.

C) FORME ESSE NOME COM AS LETRAS MÓVEIS.

D) COPIE O NOME QUE VOCÊ FORMOU.

VOGAIS E CONSOANTES

AS LETRAS **A, E, I, O, U** SÃO AS QUE MAIS APARECEM NAS PALAVRAS. ELAS SÃO CHAMADAS DE **VOGAIS**. AS OUTRAS LETRAS SÃO AS **CONSOANTES**.

1 NO QUADRO ABAIXO, CIRCULE AS VOGAIS.

A B C D E F G H I
J K L M N O P Q
R S T U V W X Y Z

2 ORGANIZE OS CRACHÁS COM OS COLEGAS.

A) EM UMA MESA, COLOQUEM OS CRACHÁS INICIADOS POR VOGAL.

B) EM OUTRA MESA, COLOQUEM OS CRACHÁS INICIADOS POR CONSOANTE.

3 COPIE DOS CRACHÁS:

A) UM NOME INICIADO POR VOGAL:

B) UM NOME INICIADO POR CONSOANTE:

4 COMPLETE AS PALAVRAS COM $\mathcal{A}$ OU a. USE A LETRA $\mathcal{A}$ MAIÚSCULA NO NOME DAS PESSOAS.

c___nec___   ___manda

___ugusto   b___n___n___

5 QUAL É O NOME DE CADA FIGURA? FALE EM VOZ ALTA. CIRCULE AS FIGURAS QUE TÊM O SOM DA LETRA **A** NO NOME.

6 COMPLETE AS PALAVRAS COM $\mathcal{E}$ OU e. USE A LETRA $\mathcal{E}$ MAIÚSCULA NO NOME DAS PESSOAS.

___l___fant___   ___va

___duardo   p___ix___

7 QUAL É O NOME DE CADA FIGURA? FALE EM VOZ ALTA. CIRCULE AS FIGURAS QUE TÊM O SOM DA LETRA **E** NO NOME.

8 COMPLETE AS PALAVRAS COM I OU i. USE A LETRA I MAIÚSCULA NO NOME DAS PESSOAS.

_I_r _neu_

_i_o_ô_

_I_vana

p_i_nt_i_nho

9 QUAL É O NOME DE CADA FIGURA? FALE EM VOZ ALTA. CIRCULE AS FIGURAS QUE TÊM O SOM DA LETRA **I** NO NOME.

10 COMPLETE AS PALAVRAS COM O OU o. USE A LETRA O MAIÚSCULA NO NOME DAS PESSOAS.

b_o_l_o_

_O_dete

_O_dilon

_o_v_o_

11 QUAL É O NOME DE CADA FIGURA? FALE EM VOZ ALTA. CIRCULE AS FIGURAS QUE TÊM O SOM DA LETRA **O** NO NOME.

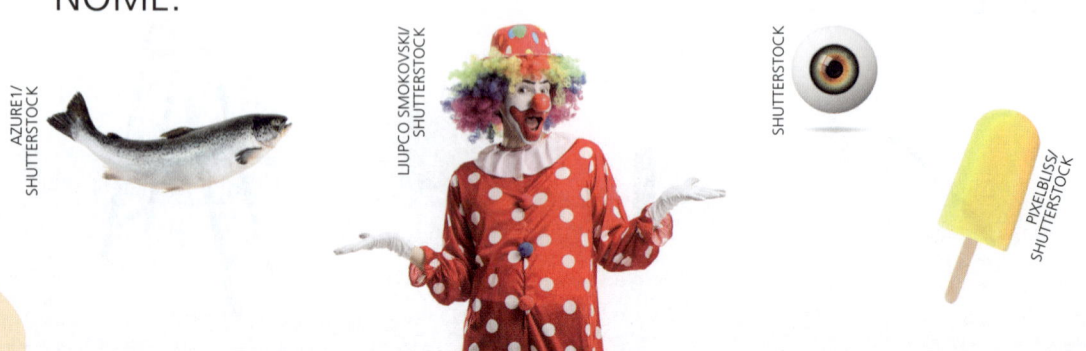

12 COMPLETE AS PALAVRAS COM U OU u. USE A LETRA U MAIÚSCULA NO NOME DAS PESSOAS.

_____rso

_____rsula

_____lisses

_____r_____b_____

13 QUAL É O NOME DE CADA FIGURA? FALE EM VOZ ALTA. CIRCULE AS FIGURAS QUE TÊM O SOM DA LETRA **U** NO NOME.

14 O PROFESSOR VAI LER OS NOMES QUE ESTÃO NA LISTA DE CONVIDADOS DE MATEUS.

LUCAS	FABIANA	WESLEY
EDUARDO	OTÁVIO	TALITA
JOÃO	HENRIQUE	IARA
PAULA	CAIO	KARINA
ALEXANDRE	LUÍS	ULISSES
GIOVANA	MARIANA	

39

15 MATEUS ORGANIZOU O NOME DOS CONVIDADOS EM ORDEM ALFABÉTICA PARA FAZER A ENTREGA DOS CONVITES. VEJA.

A ALEXANDRE	**N**
B	**O** OTÁVIO
C CAIO	**P** PAULA
D	**Q**
E EDUARDO	**R**
F FABIANA	**S**
G GIOVANA	**T** TALITA
H HENRIQUE	**U** ULISSES
I IARA	**V**
J JOÃO	**W** WESLEY
K KARINA	**X**
L LUCAS / LUÍS	**Y**
M MARIANA	**Z**

16 OBSERVE NA LISTA ACIMA A PRIMEIRA LETRA DE CADA NOME E RESPONDA.

A) QUEM VAI RECEBER O CONVITE PRIMEIRO?

_____

B) QUEM SERÁ O ÚLTIMO A RECEBER O CONVITE?

_____

17 COPIE DA LISTA OS NOMES INICIADOS POR VOGAIS.

_____

_____

18 VOCÊ E OS COLEGAS VÃO PRODUZIR UMA LISTA COM NOMES DE PESSOAS. O PROFESSOR VAI ORGANIZAR GRUPOS E DISTRIBUIR AS LETRAS.

DITEM PARA O PROFESSOR OS NOMES DE PESSOAS INICIADOS PELAS LETRAS QUE SEU GRUPO RECEBEU.

COPIE DA LISTA UM NOME QUE:

A) COMEÇA COM A MESMA LETRA DO SEU NOME.

B) TERMINA COM A MESMA LETRA DO SEU NOME.

C) TEM A MESMA QUANTIDADE DE LETRAS QUE SEU NOME.

EU GOSTO DE APRENDER MAIS

VOCÊ SABIA QUE TODA CRIANÇA TEM DIREITO A UM NOME E A UMA NACIONALIDADE? ESSAS INFORMAÇÕES FICAM REGISTRADAS NA CERTIDÃO DE NASCIMENTO.

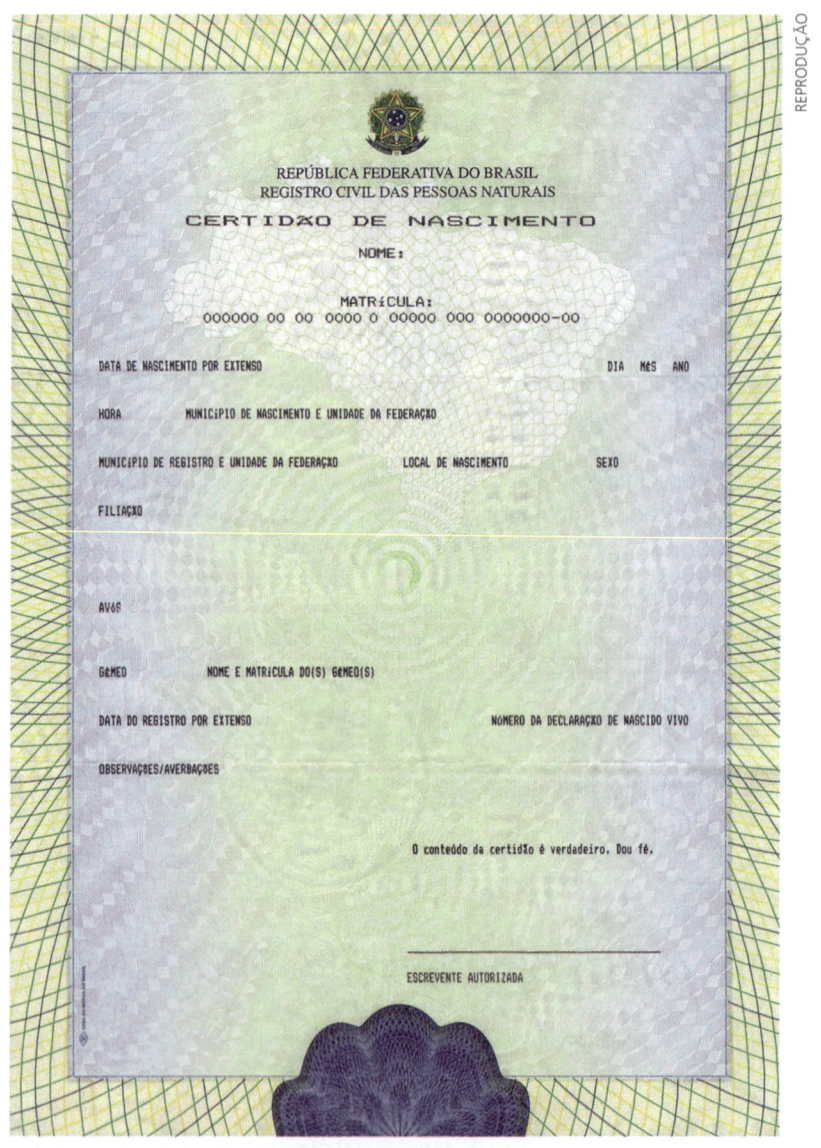

MODELO DE CERTIDÃO DE NASCIMENTO.

1. PEÇA A UM FAMILIAR QUE MOSTRE PARA VOCÊ COMO ESTÁ REGISTRADO SEU NOME COMPLETO E SUA DATA DE NASCIMENTO NA SUA CERTIDÃO.

2 VOCÊ SABIA QUE OS NOMES TÊM SIGNIFICADO? PERGUNTE ÀS PESSOAS DA SUA FAMÍLIA COMO FOI FEITA A ESCOLHA DO SEU NOME. DEPOIS, CONTE AOS COLEGAS O QUE VOCÊ DESCOBRIU.

3 VOCÊ TEM OU CONHECE ALGUMA CRIANÇA QUE TENHA CARTEIRA DE IDENTIDADE NACIONAL? CONTE AOS COLEGAS.

4 ACOMPANHE A LEITURA DO PROFESSOR.

- PINTE O MÊS EM QUE VOCÊ NASCEU.

JANEIRO	FEVEREIRO	MARÇO
ABRIL	MAIO	JUNHO
JULHO	AGOSTO	SETEMBRO
OUTUBRO	NOVEMBRO	DEZEMBRO

5 ESCREVA NO ESPAÇO ABAIXO A DATA DO SEU NASCIMENTO.

DIA: _____ MÊS: _____

UM TEXTO PUXA OUTRO

ESCUTE A LEITURA DO PROFESSOR.

MEU ANIVERSÁRIO

HOJE É O MEU ANIVERSÁRIO,
É UM DIA SEM IGUAL!
EU QUERIA QUE HOJE FOSSE
FERIADO NACIONAL!

PEDRO BANDEIRA. *POR ENQUANTO EU SOU PEQUENO*. SÃO PAULO: MODERNA, 2009. P. 9.

1 QUAL É O TÍTULO DO TEXTO? MARQUE **X**.

- [ ] HOJE É O MEU ANIVERSÁRIO
- [ ] POR ENQUANTO EU SOU PEQUENO
- [ ] MEU ANIVERSÁRIO
- [ ] PEDRO BANDEIRA

2 CONVERSE COM OS COLEGAS.

A) VOCÊ SABE O QUE É FERIADO?

B) VOCÊ GOSTARIA QUE O DIA DO SEU ANIVERSÁRIO FOSSE FERIADO? POR QUÊ?

3 QUAIS PALAVRAS DO TEXTO TERMINAM COM O MESMO SOM?

☐ ANIVERSÁRIO E QUERIA.

☐ IGUAL E NACIONAL.

☐ FERIADO E ANIVERSÁRIO.

4 FAÇA UM DESENHO PARA REPRESENTAR COMO FOI SEU ÚLTIMO ANIVERSÁRIO.

5 CONTE AOS COLEGAS COMO FOI SEU ÚLTIMO ANIVERSÁRIO. MOSTRE A ELES O DESENHO QUE VOCÊ FEZ.

PRODUÇÃO DE TEXTO

VAMOS CONVIDAR ALUNOS DE OUTRA TURMA PARA COMEMORAR OS ANIVERSÁRIOS DO MÊS?

O QUE NÃO PODE FALTAR NO CONVITE? TROQUE IDEIAS COM OS COLEGAS.

RELEMBRE AS PARTES DE UM CONVITE.

VOCÊ É NOSSO CONVIDADO PARA A
FESTA DA TURMA
DIA: 15 DE MAIO
HORÁRIO: 10 HORAS
LOCAL: PÁTIO DA ESCOLA
ALUNOS DO 1º ANO B.

PLANEJAMENTO

QUE TURMA VOCÊS VÃO CONVIDAR?

EM QUE DIA, HORÁRIO E LOCAL SERÁ A COMEMORAÇÃO?

AJUDE O PROFESSOR A ESCREVER O CONVITE. VOCÊS VÃO DITAR E ELE VAI ESCREVER.

ESCRITA

COPIE NO ESPAÇO ABAIXO O CONVITE QUE O PROFESSOR ESCREVEU.

REVISÃO

VERIFIQUE SE O CONVITE CONTÉM:
- NOME DO CONVIDADO;
- MOTIVO DA COMEMORAÇÃO;
- DATA, HORÁRIO E LOCAL DA COMEMORAÇÃO;
- NOME DE QUEM CONVIDA.

VERSÃO FINAL

O PROFESSOR VAI FAZER A EDIÇÃO A PARTIR DA REVISÃO. DECIDAM JUNTOS COMO O CONVITE DEVE SER ENTREGUE OU ONDE DEVE SER COLOCADO.

AMPLIANDO O VOCABULÁRIO

ANIVERSARIANTE
PESSOA QUE FAZ ANIVERSÁRIO.

O ANIVERSARIANTE FEZ 6 ANOS.

CARTEIRA DE IDENTIDADE NACIONAL (CIN)
DOCUMENTO ÚNICO PARA TODO O TERRITÓRIO BRASILEIRO QUE TEM O CPF (CADASTRO DE PESSOA FÍSICA) COMO NÚMERO DE IDENTIFICAÇÃO.

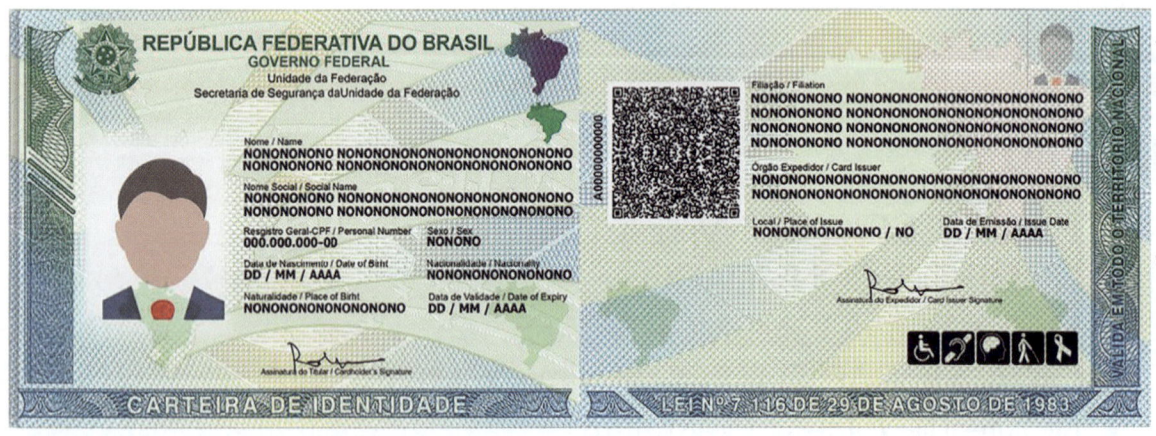

O DOCUMENTO CONTÉM QR CODE.

FERIADO
DIA EM QUE SE COMEMORA UMA FESTA RELIGIOSA OU UM ACONTECIMENTO HISTÓRICO IMPORTANTE.

LEIA MAIS

POR ENQUANTO EU SOU PEQUENO

PEDRO BANDEIRA. SÃO PAULO: MODERNA, 2009.

NESSE LIVRO HÁ PEQUENOS VERSOS SOBRE OS DIFERENTES MOMENTOS DA INFÂNCIA.

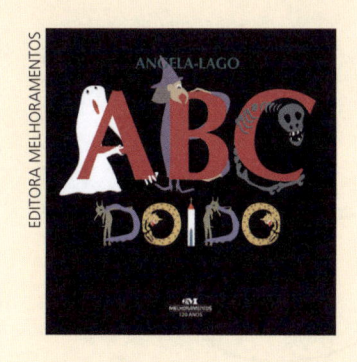

ABC DOIDO

ÂNGELA LAGO. SÃO PAULO: MELHORAMENTOS, 2010.

O QUE É, O QUE É, QUE COMEÇA COM A LETRA *A* E TERMINA COM A LETRA *Z*? *ABC DOIDO* É UM LIVRO-JOGO. COM ELE, VOCÊ VAI DESCOBRIR QUE AS LETRAS PODEM SER UM BRINQUEDO MUITO DIVERTIDO!

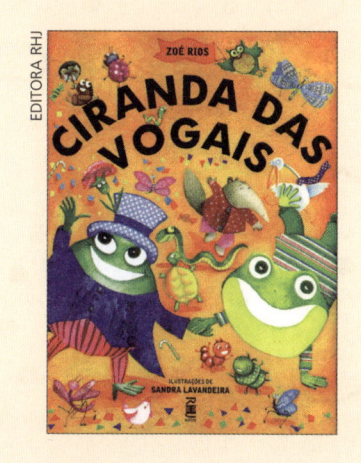

CIRANDA DAS VOGAIS

ZOÉ RIOS. BELO HORIZONTE: RHJ LIVROS, 2011.

VOCÊ SABE A DIFERENÇA ENTRE BALA E BOLA? NESSE LIVRO HÁ MUITOS DESAFIOS QUE BRINCAM COM A TROCA DE VOGAIS DAS PALAVRAS.

LIÇÃO 4

A BALEIA

VAMOS COMEÇAR!

A CANTIGA QUE VOCÊ VAI OUVIR FALA DE UM ANIMAL BEM GRANDE QUE VIVE NO MAR.

QUE ANIMAL SERÁ ESSE? PARA DESCOBRIR, LIGUE OS PONTOS E PINTE A CENA.

TIBUM

CHUÁ

ESCUTE O PROFESSOR CANTAR. DEPOIS, CANTE COM OS COLEGAS.

A BALEIA

A BALEIA, A BALEIA
É AMIGA DA SEREIA
OLHA O QUE ELA FAZ
OLHA O QUE ELA FAZ
TIBUM, CHUÁ
TIBUM, CHUÁ

DOMÍNIO PÚBLICO.

ESTUDO DO TEXTO

1 PINTE O TÍTULO DA CANTIGA.

A BALEIA   A SEREIA

2 CIRCULE A PALAVRA **BALEIA** NO TEXTO DA CANTIGA.

3 ONDE A BALEIA VIVE? MARQUE UM **X** NA RESPOSTA.

☐ NO RIO   ☐ NO MAR

4 DE ACORDO COM A CANTIGA, QUE BARULHO A BALEIA FAZ AO CAIR NA ÁGUA? SUBLINHE.

TIBUM, CHUÁ   TIQUE-TAQUE   ZUM-ZUM

5 CONVERSE COM OS COLEGAS.

A) DE QUEM A BALEIA É AMIGA?

B) O QUE AS PALAVRAS **BALEIA** E **SEREIA** TÊM DE PARECIDO?

ESTUDO DA LÍNGUA

LETRA B

| BA | BE | BI | BO | BU | ba | be | bi | bo | bu |
| Ba | Be | Bi | Bo | Bu | ba | be | bi | bo | bu |

1 FORME O NOME DA FIGURA COM AS LETRAS MÓVEIS. DEPOIS COPIE A PALAVRA QUE VOCÊ FORMOU.

A) USE 4 LETRAS DA PALAVRA QUE VOCÊ FORMOU PARA ESCREVER O NOME DA FIGURA ABAIXO.

B) TROQUE A SEGUNDA LETRA POR **O** E FORME OUTRA PALAVRA.

C) AGORA TROQUE A ÚLTIMA LETRA POR **O** E FORME OUTRA PALAVRA.

D) O QUE VOCÊ PERCEBEU AO TROCAR UMA LETRA DA PALAVRA?

2 MUDE A LETRA EM DESTAQUE NA PALAVRA ABAIXO PELA VOGAL INDICADA NO QUADRINHO E FORME NOVAS PALAVRAS.

BOLA

A _____

U _____

E _____

3 LEIA AS PALAVRAS ABAIXO.

| BA | LA |
| BU | LA |

| BE | LA |
| BE | CO |

| BO | LA |
| BI | CO |

CADA PARTE DE UMA PALAVRA CHAMA-SE **SÍLABA**. A SÍLABA PODE TER CONSOANTE E VOGAL OU SER FORMADA APENAS POR VOGAL. EXEMPLO: BA-LEI-A.

4 ORGANIZE AS PALAVRAS DA ATIVIDADE 3 NOS QUADROS, DE ACORDO COM A SÍLABA INICIAL.

BA	
BE	
BI	
BO	
BU	

5 PINTE AS SÍLABAS QUE SE REPETEM NAS PALAVRAS EM CADA QUADRO.

| BALANÇO | ABACAXI | JUBA |

| BILHETE | BICICLETA | CABIDE |

| BULE | BURACO | JABUTI |

6 LEIA AS PALAVRAS.

BAÚ	BIA	BIBI	BEBO
BOBO	BOA	OBA	BABÁ
BEBEU	BABA	BEBIA	BOI

7 OUÇA A LEITURA DE CADA PALAVRA. MARQUE UM **X** NA PALAVRA QUE IDENTIFICA CADA IMAGEM E DEPOIS COPIE-A.

☐ BAÚ
☐ BONECA

☐ BEBÊ
☐ BABÁ

☐ BOA
☐ BOI

O SINAL QUE APARECE NA LETRA **U** DA PALAVRA **BAÚ** CHAMA-SE **ACENTO AGUDO**. ESSE SINAL PODE SER UTILIZADO EM TODAS AS VOGAIS. AS VOGAIS **E** E **O**, QUANDO LEVAM ACENTO AGUDO, TÊM SOM ABERTO.

O SINAL QUE APARECE NA LETRA **E** DA PALAVRA **BEBÊ** CHAMA-SE **ACENTO CIRCUNFLEXO**. ESSE SINAL PODE SER UTILIZADO NAS VOGAIS **A**, **E** E **O**, DEIXANDO-AS COM UM SOM FECHADO.

8 JUNTE AS SÍLABAS E FORME PALAVRAS.

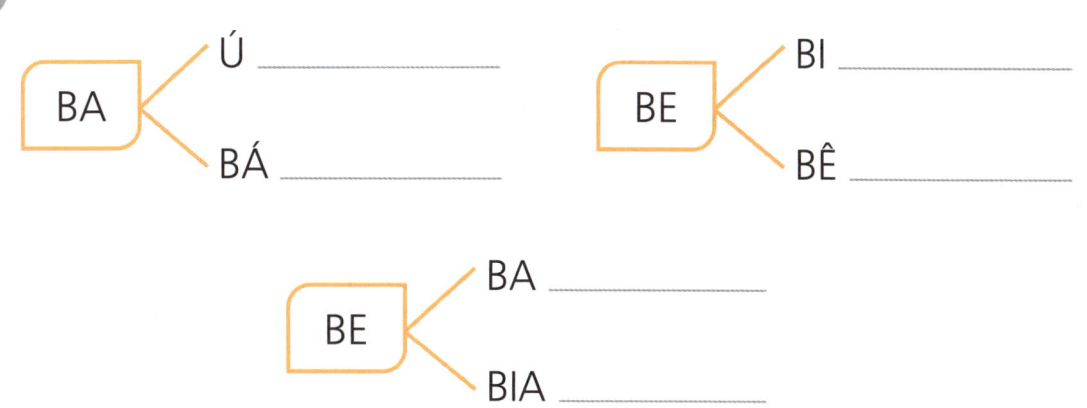

BA ⟨ Ú _____ / BÁ _____

BE ⟨ BI _____ / BÊ _____

BE ⟨ BA _____ / BIA _____

9 LEIA E LIGUE AS PALAVRAS EM LETRA DE IMPRENSA MAIÚSCULA ÀS MESMAS PALAVRAS ESCRITAS EM LETRA CURSIVA MINÚSCULA.

BAÚ

BEBÊ

BOA

BALÃO

balão

boa

bebê

baú

10 COMPLETE O NOME DE CADA FIGURA.

____le

____nóculo

____liche

____zina

____cicleta

____bedouro

EU GOSTO DE APRENDER MAIS

CANTIGAS SÃO TEXTOS DA TRADIÇÃO ORAL, TRANSMITIDAS DE PESSOAS DE UMA GERAÇÃO PARA OUTRAS.

VOCÊ SE LEMBRA DE ALGUMA CANTIGA QUE APRENDEU COM AS PESSOAS DA SUA FAMÍLIA?

O PROFESSOR VAI APRESENTAR ALGUMAS CANTIGAS QUE TIVERAM ORIGEM EM DIFERENTES LUGARES E QUE SÃO CONHECIDAS ATÉ HOJE.

O LIMÃO ENTROU NA RODA

ORIGEM: PORTO ALEGRE, RIO GRANDE DO SUL

O LIMÃO ENTROU NA RODA
ELE PASSA DE MÃO EM MÃO
ELE VAI, ELE VEM
ELE AINDA NÃO CHEGOU
ELE VAI, ELE VEM
ELE AINDA NÃO CHE-GOU!

DOMÍNIO PÚBLICO.

PENEIRA

ORIGEM: OLINDA, PERNAMBUCO

PASSA A PENEIRA, MENINA
MENINA VEM PENEIRAR
DIGA UM VERSO COM RIMA
QUANDO A PENEIRA PARAR
PENEIRA, PENEIRA
PENEIRA, PASSAR
PENEIRA, PENEIRA
QUANDO A PENEIRA PARAR
PAROU.

DOMÍNIO PÚBLICO.

BOI DA CARA PRETA

ORIGEM: GOIÂNIA, GOIÁS

BOI, BOI, BOI
BOI DA CARA PRETA
PEGA ESSA MENINA
QUE TEM MEDO DE CARETA
BOI, BOI, BOI
BOI DO PIAUÍ
PEGA ESSA MENINA
QUE NÃO GOSTA DE PEQUI.

DOMÍNIO PÚBLICO.

FUI À ESPANHA

ORIGEM: RIO BRANCO, ACRE

QUANTA LARANJA MADURA MENINO
DE QUE COR SÃO ELAS
ELAS SÃO VERDES E AMARELAS
SE VIRA, PEDRINHO
DA COR DE CANELA
SE VIRA, MARIA
DA COR DE CANELA.

DOMÍNIO PÚBLICO.

- PEÇA A UMA PESSOA DA SUA FAMÍLIA QUE ESCREVA E LHE ENSINE UMA CANTIGA DE RODA MUITO CONHECIDA NA REGIÃO ONDE VOCÊS MORAM. DEPOIS, NA SALA DE AULA, CANTE PARA OS COLEGAS A CANTIGA QUE VOCÊ APRENDEU.

AMPLIANDO O VOCABULÁRIO

CANELA
1. SUBSTÂNCIA AROMÁTICA USADA EM PÓ OU EM PEDAÇOS, TIRADA DA CASCA DE UMA ÁRVORE CHAMADA CANELEIRA.

2. PARTE DA FRENTE DA PERNA QUE FICA ENTRE O JOELHO E O PÉ.

OBA
EXPRESSÃO DE ALEGRIA, SATISFAÇÃO, FELICIDADE, ESPANTO OU ADMIRAÇÃO.

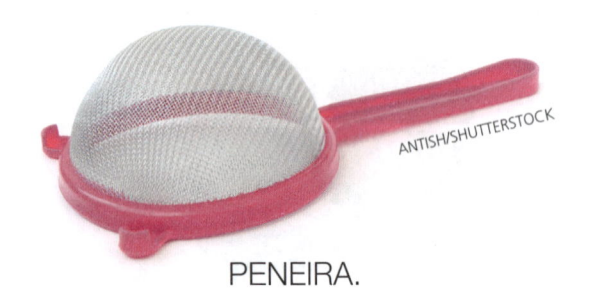

PENEIRA
ARO DE MADEIRA, METAL OU PLÁSTICO NO QUAL HÁ UMA TELA FIXA QUE SEPARA SUBSTÂNCIAS EM PÓ DAS SUAS PARTES MAIS GROSSAS.

PENEIRA.

PEQUI
FRUTO CHEIROSO USADO PARA FAZER DOCES, TEMPEROS ETC.

PEQUIS.

LEIA MAIS

CANTIGAS, ADIVINHAS E OUTROS VERSOS – VOLUME 1

VÁRIOS AUTORES. SÃO PAULO: MELHORAMENTOS, 2014.

NESSE LIVRO VOCÊ VAI ENCONTRAR MUITAS CANTIGAS DO FOLCLORE BRASILEIRO. ELAS SÃO SIMPLES E FÁCEIS DE APRENDER A CANTAR. ALÉM DE CANTIGAS, TAMBÉM HÁ ADIVINHAS E OUTROS TEXTOS EM VERSOS.

CADÊ MEU TRAVESSEIRO?

ANA MARIA MACHADO. SÃO PAULO: MODERNA, 2012.

NESSE LIVRO A PERSONAGEM PERDEU O TRAVESSEIRO E VAI PROCURÁ-LO RELEMBRANDO MUITAS CANTIGAS INFANTIS.

CANTIGA DE TREM

SANDRA LOPES. SÃO PAULO: PRUMO, 2011.

NESSE LIVRO VOCÊ VAI EMBARCAR EM UM VAGÃO DE TREM E CONHECER MAIS ALGUMAS CANTIGAS DE RODA.

LIÇÃO 5

COCO DE VINTÉM

VAMOS COMEÇAR!

ESCUTE A CANTIGA QUE O PROFESSOR VAI ENSINAR. DEPOIS, CANTE TAMBÉM.

COCO DE VINTÉM

NA BAHIA TEM,
TEM, TEM, TEM.
NA BAHIA TEM, Ô BAIANA,
COCO DE VINTÉM.

DOMÍNIO PÚBLICO.

ESTUDO DO TEXTO

1 COPIE DA LETRA DA CANTIGA UMA PALAVRA EM QUE O SOM DAS SÍLABAS SE REPETEM.

AS PALAVRAS RIMAM QUANDO TERMINAM COM SONS IGUAIS OU PARECIDOS.

2 ESCUTE O QUE O PROFESSOR VAI LER E MARQUE A INFORMAÇÃO VERDADEIRA. NA CANTIGA ACIMA, AS PALAVRAS QUE RIMAM SÃO:

☐ BAHIA E BAIANA.   ☐ TEM E VINTÉM.

3 QUAIS SONS SÃO FORMADOS QUANDO JUNTAMOS A LETRA **C** COM **A**, **O** E **U**? E SE JUNTARMOS A LETRA **C** COM **E** E **I**?

ESTUDO DA LÍNGUA

LETRA C

CA CO CU ca co cu
Ca Co Cu ca co cu

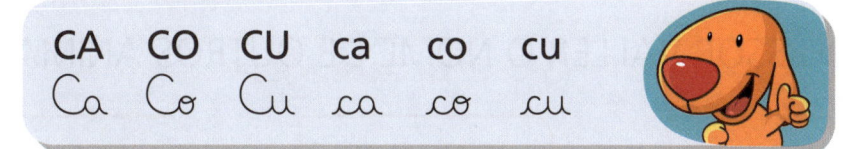

1 O PROFESSOR VAI LER O NOME DE DOIS ANIMAIS.

CORUJA   MACACO

A) PINTE A SÍLABA QUE APARECE NO NOME DOS DOIS ANIMAIS.

B) ESCREVA CADA PARTE DAS PALAVRAS, SEPARANDO-AS EM SÍLABAS.

2 OUÇA A LEITURA DO NOME DAS ILUSTRAÇÕES E ESCREVA:

CORAÇÃO   COELHO   BONECO   MÁGICO

A) PALAVRAS QUE COMEÇAM COM **CO**.

_____

B) PALAVRAS QUE TERMINAM COM **CO**.

_____

3 DIGA OUTRA PALAVRA QUE TENHA A SÍLABA **CO**. COPIE AQUI UMA DAS PALAVRAS QUE O PROFESSOR ESCREVEU NO QUADRO.

_____

4 O PROFESSOR VAI LER O NOME DE OUTROS ANIMAIS.

| VACA | CAVALO | JACARÉ |

A) REPITA O NOME DE CADA ANIMAL EM VOZ ALTA, BATENDO UMA PALMA PARA CADA SÍLABA DESSAS PALAVRAS.

B) PINTE A SÍLABA QUE SE REPETE NO NOME DESSES ANIMAIS. COPIE-A.

5 OBSERVE AS PALAVRAS SEPARADAS EM SÍLABAS.

| BO | CA | TO | CA   CA | ME | LO

| MA | CA | CA | JU   SO | NE | CA

| CA | BI | DE   CA | MA   BI | BLI | O | TE | CA

• PINTE AS PALAVRAS DE ACORDO COM A LEGENDA.

DE 🖊️ AS PALAVRAS QUE COMEÇAM COM **CA**.

DE 🖊️ AS PALAVRAS QUE TERMINAM COM **CA**.

6 ESCUTE A LEITURA DAS PALAVRAS DO QUADRO. DEPOIS, COMPLETE A TABELA.

| BONECA | CADELA | PETECA | CABANA |
| CASA | SAPECA | CUECA | CABEÇA |

COMEÇAM COM O MESMO SOM	TERMINAM COM O MESMO SOM

7 COM A AJUDA DO PROFESSOR, LEIA AS PALAVRAS EM VOZ ALTA. CIRCULE A PALAVRA QUE COMEÇA E TERMINA COM A MESMA SÍLABA.

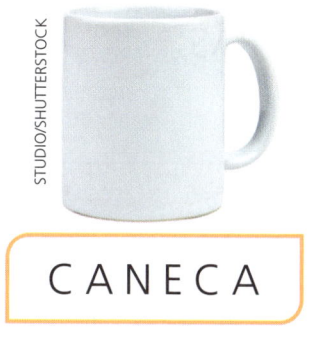

CANECA

CANETA

8 LEIA AS PALAVRAS.

CUECA	CABO	CUBO	ECO
COLA	CUIA	CUCA	ACABOU
CAIU	BOCA	BICA	CACO

9 LEIA ESTAS PALAVRAS COM O PROFESSOR E OS COLEGAS.

coqueiro   cocada   coquinho

COPIE O NOME:

A) DO DOCE FEITO DE COCO:

_____

B) DO COCO PEQUENO:

_____

C) DA PLANTA QUE DÁ COCO:

_____

10 JUNTE AS SÍLABAS E FORME PALAVRAS.

CA
- CAU _____
- CO _____

CU
- BO _____
- CO _____

CO
- CO _____
- LA _____

11 ORDENE AS LETRAS E FORME PALAVRAS.

C B A O → (boca) → ☐☐☐☐

A U C C A → (cacau) → ☐☐☐☐☐

12 OBSERVE AS FIGURAS E COMPLETE AS PALAVRAS COM *ca*, *co*, *cu*.

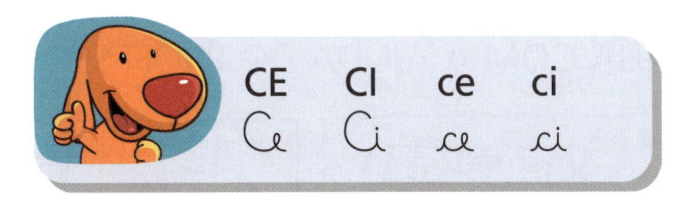

____co   ____deado   ____bo

CE CI ce ci
Ce Ci ce ci

1 ESCUTE O QUE O PROFESSOR VAI LER. PRESTE ATENÇÃO AO SOM DA LETRA **C** NESTAS PALAVRAS.

CEBOLA   CENOURA   CIGARRA   CINEMA

65

QUANDO A LETRA **C** VEM SEGUIDA DAS LETRAS **E** OU **I**, ELA TEM UM SOM DIFERENTE DE QUANDO É SEGUIDA DE **A**, **O** E **U**.

2 O PROFESSOR VAI LER O TÍTULO DE CADA LIVRO.

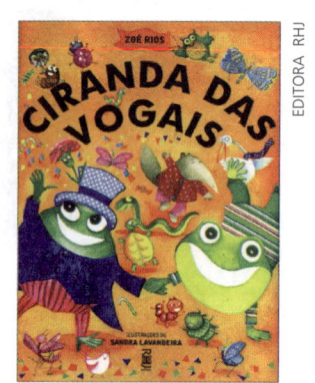

GUSTAVO LUIZ & MIG
COCO LOUCO
EDITORA MELHORAMENTOS

ZOÉ RIOS
CIRANDA DAS VOGAIS
EDITORA RHJ

A) CIRCULE, NO TÍTULO DE CADA LIVRO, AS PALAVRAS ESCRITAS COM A LETRA **C**.

B) COPIE A PALAVRA DE UM DOS TÍTULOS EM QUE A LETRA **C** TEM O MESMO SOM INICIAL DE **CINEMA**.

3 LEIA A TIRINHA COM A AJUDA DO PROFESSOR.

MANTENHA A CIDADE LIMPA

RODOVIÁRIA

© MAURICIO DE SOUSA PRODUÇÕES LTDA.

MAURICIO DE SOUSA. *AS TIRAS CLÁSSICAS DA TURMA DA MÔNICA.*
V. 7. BARUERI: PANINI, 2011.

- POR QUE O PERSONAGEM CASCÃO FOI PARA A RODOVIÁRIA? CONTE AOS COLEGAS O QUE VOCÊ ENTENDEU DA TIRINHA.

4 COPIE DA TIRINHA UMA PALAVRA ESCRITA COM A LETRA **C**.

_____

5 LIGUE E FORME PALAVRAS. VEJA O MODELO.

CE	GO *cego*		DO _____
	DO _____	CE	FA _____
	LA _____		COI _____

CI	GANO _____		Á _____
	NEMA _____	CI	DO _____
	DADE _____		CA _____ QUE _____
			BI _____ CLETA _____

6 DESEMBARALHE AS SÍLABAS E FORME PALAVRAS.

NOU CE RA _____

NE MA CI _____

A CI BA _____

O MA CI _____

BO RE CI _____

LA CE BO _____

ça ço çu

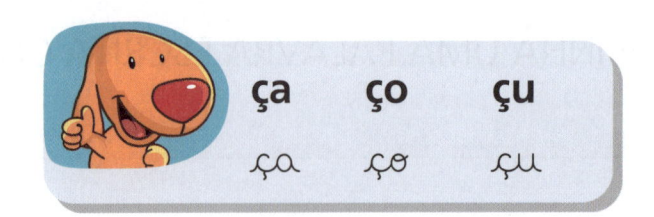

ça ço çu

A CEDILHA É UM SINAL USADO NA LETRA **C** PARA QUE ELA FIQUE COM SOM DE **S**.

2 LEIA AS PALAVRAS COM O PROFESSOR E CIRCULE AS SÍLABAS COM **ÇA**, **ÇO**, **ÇU** E **ÇÃO**.

TAÇA	CABEÇA	PEDAÇO	FUMAÇA
MOÇO	AÇUDE	AÇO	LOUÇA
LAÇO	CAÇADA	BAGAÇO	CARROÇA
POÇO	CAROÇO	CAÇULA	FORÇA
PALHAÇO	CORAÇÃO	DOAÇÃO	AÇÚCAR

3 MARQUE COM UM **X** O NOME DA FIGURA.

- ☐ LAÇO
- ☐ ROÇA
- ☐ POÇO

- ☐ FEITIÇO
- ☐ FUMAÇA
- ☐ BEIÇO

- ☐ PEDAÇO
- ☐ AÇUDE
- ☐ POÇO

- ☐ MAÇÃ
- ☐ LIÇÃO
- ☐ LOÇÃO

4 SEPARE AS SÍLABAS DAS PALAVRAS. DEPOIS, ESCREVA AO LADO O NÚMERO DE SÍLABAS.

CAROÇO _____ ☐

LAÇO _____ ☐

MOÇA _____ ☐

PEDAÇO _____ ☐

CABEÇA _____ ☐

ALVOROÇO _____ ☐

5 PROCURE NO DIAGRAMA PALAVRAS COM Ç. DEPOIS, ESCREVA O NOME DAS FIGURAS.

M	O	Ç	A	O	O	T	S	A
L	J	F	H	N	G	Z	A	U
F	H	M	A	Ç	Ã	P	G	S
M	R	Q	B	A	O	Z	M	T
R	G	C	O	R	A	Ç	Ã	O

O SINAL QUE APARECE NA LETRA **A** DAS PALAVRAS **MAÇÃ** E **CORAÇÃO** CHAMA-SE **TIL**. ESSE SINAL É USADO NAS VOGAIS **A** E **O**, DEIXANDO-AS COM UM SOM NASAL.

69

UM TEXTO PUXA OUTRO

O PROFESSOR VAI LER UM POEMA. TENTE DESCOBRIR VERSOS QUE LEMBRAM CANTIGAS DE RODA.

ESPERANDO POR VOCÊ

MANDEI LADRILHAR A RUA
COM PEDRINHAS DE BRILHANTE
TODA NOITE À LUZ DA LUA
ELA FICA CINTILANTE.

FAZ TRÊS NOITES QUE EU NÃO DURMO
SÓ PRA VER BRILHAR A RUA
FAZ TRÊS NOITES QUE EU NÃO DURMO
SÓ PRA VER VOCÊ PASSAR.

EU VOU DAR A MEIA-VOLTA,
VOLTA E MEIA EU VOU DAR
VOU FECHAR MINHA JANELA
E VOU VOLTAR A SONHAR.

MARCO HAILER. *RECANTO DAS LETRAS*. DISPONÍVEL EM: WWW.RECANTODASLETRAS.COM.BR/POESIASINFANTIS/4852272. ACESSO EM: 20 JUL. 2022.

1 O POEMA QUE VOCÊ OUVIU LEMBRA ALGUMA DAS CANTIGAS ABAIXO? QUAL? PINTE O TÍTULO DELA.

> CIRANDA, CIRANDINHA

> SE ESSA RUA FOSSE MINHA

> PIRULITO QUE BATE, BATE

> MEU GALINHO

2 O PROFESSOR VAI LER NOVAMENTE O INÍCIO DO POEMA.

A) QUE PALAVRA DO POEMA RIMA COM **BRILHANTE**?

_____

B) QUE PALAVRA DO POEMA RIMA COM **RUA**?

_____

C) POR QUE TODA NOITE A RUA FICA CINTILANTE?

D) POR QUE O TÍTULO DO POEMA É "ESPERANDO POR VOCÊ"?

E) NA SUA OPINIÃO, A RUA FOI MESMO LADRILHADA COM PEDRINHAS DE BRILHANTE OU TUDO NÃO PASSOU DE UM SONHO? EXPLIQUE SUA RESPOSTA.

PRODUÇÃO DE TEXTO

CANTE "SE ESSA RUA FOSSE MINHA" COM O PROFESSOR E OS COLEGAS. DEPOIS, ORGANIZE OS VERSOS E COPIE.

PREPARAÇÃO

VEJA COMO OS VERSOS DA CANTIGA FORAM ESCRITOS. NUMERE-OS NA ORDEM CORRETA.

- [ ] EU MANDAVA, EU MANDAVA LADRILHAR
- [ ] PARA O MEU, PARA O MEU AMOR PASSAR.
- [ ] SE ESSA RUA, SE ESSA RUA FOSSE MINHA
- [ ] COM PEDRINHAS, COM PEDRINHAS DE BRILHANTE

ESCRITA

COPIE OS VERSOS DA CANTIGA, NA ORDEM EM QUE ELES FORAM CANTADOS.

SE ESSA RUA FOSSE MINHA

_____

_____

_____

_____

REVISÃO

O PROFESSOR VAI ESCREVER OS VERSOS DA CANTIGA "SE ESSA RUA FOSSE MINHA". VEJA SE VOCÊ: ORGANIZOU OS VERSOS CORRETAMENTE; COPIOU TODAS AS PALAVRAS; DEIXOU UM ESPAÇO ENTRE AS PALAVRAS. SE PRECISAR, FAÇA CORREÇÕES NO TEXTO QUE VOCÊ COPIOU.

RODA DE CONVERSA

ESCUTE COM ATENÇÃO A LEITURA DO PROFESSOR. DEPOIS, PARTICIPE DE UMA CONVERSA COM OS COLEGAS.

> [...]
> SE ESSA RUA, SE ESSA RUA FOSSE MINHA,
> EU MANDAVA, EU MANDAVA AMPLIAR
> COM CALÇADAS, COM CALÇADAS ESPAÇOSAS
> SÓ PRA CRIANÇA, SÓ PRA CRIANÇA BRINCAR.
> [...]
>
> FÁTIMA MIGUEZ. *SE ESSA RUA FOSSE MINHA*. RIO DE JANEIRO: NOVA FRONTEIRA, 2013. [LIVRO ELETRÔNICO]

EM UMA CONVERSA, O QUE VOCÊ ACHA IMPORTANTE FAZER:

- PARA QUE TODOS POSSAM PARTICIPAR E FALAR?
- PARA QUE TODOS ESCUTEM O QUE É FALADO?

AJUDE O PROFESSOR A ORGANIZAR UM CARTAZ COM ALGUNS COMBINADOS PARA AS RODAS DE CONVERSA.

EM SEGUIDA, COLOQUE EM PRÁTICA O QUE FOI REGISTRADO NO CARTAZ.

FORME UMA RODA COM OS COLEGAS E CONTE A ELES SOBRE O LUGAR ONDE VOCÊ MORA, RESPONDENDO ÀS QUESTÕES A SEGUIR.

- NO LUGAR ONDE VOCÊ MORA, COMO VOCÊ E SEUS AMIGOS BRINCAM?
- SE A RUA DO POEMA FOSSE SUA, O QUE VOCÊ GOSTARIA DE FAZER NELA? DO QUE VOCÊ BRINCARIA?

AMPLIANDO O VOCABULÁRIO

BRILHANTE
1. QUE TEM BRILHO.
2. QUE É TALENTOSO, INTELIGENTE.
3. QUE É MUITO BOM.
4. UM TIPO DE DIAMANTE.

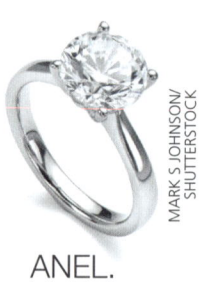

ANEL.

CINTILANTE
QUE CINTILA. CINTILAR É O MESMO QUE BRILHAR COM REFLEXOS DE LUZ.

UNHA PINTADA COM ESMALTE CINTILANTE.

VINTÉM
MOEDA ANTIGA DE POUCO VALOR.

MOEDAS ANTIGAS.

LEIA MAIS

COCO LOUCO

GUSTAVO LUIZ. SÃO PAULO: MELHORAMENTOS, 2013.

O COCO PASSOU PELA CUCA DO MACACO, PELO GATO, PELO PATO, PELO MATO, NO LAGO DO SAPO, NA TOCA DO TATU, ATÉ QUE FOI PARAR NA CASA DA VOVÓ. O QUE SERÁ QUE ACONTECEU LÁ?

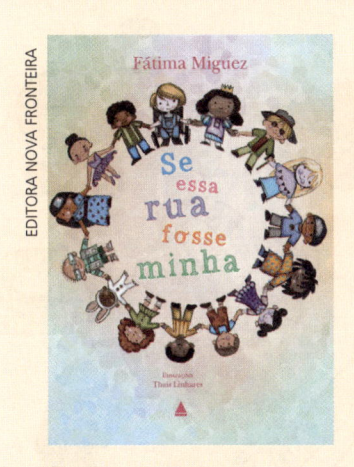

SE ESSA RUA FOSSE MINHA

FÁTIMA MIGUEZ. RIO DE JANEIRO: NOVA FRONTEIRA, 2013.

NESSE LIVRO HÁ MUITAS CANTIGAS E OUTROS VERSOS QUE CONVIDAM AS CRIANÇAS A BRINCAR DE RODA.

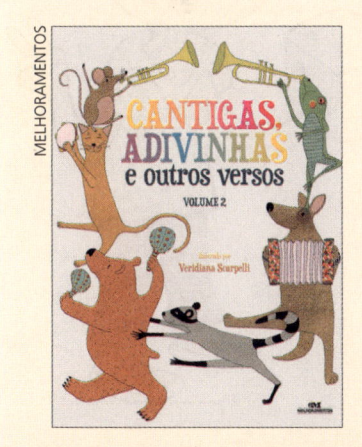

CANTIGAS, ADIVINHAS E OUTROS VERSOS – VOLUME 2

ANA CLÁUDIA E MARIANA BREIM (ORGANIZADORAS). SÃO PAULO: MELHORAMENTOS, 2014.

NESSE LIVRO VOCÊ VAI ENCONTRAR MUITAS CANTIGAS DO FOLCLORE BRASILEIRO. ELAS SÃO SIMPLES E FÁCEIS DE APRENDER A CANTAR. ALÉM DE CANTIGAS, TAMBÉM HÁ ADIVINHAS E OUTROS TEXTOS EM VERSOS.

LIÇÃO 6

O DADO DOADO

VAMOS COMEÇAR!

VOCÊ SABE O QUE SIGNIFICA A PALAVRA **DOAR**?

O PROFESSOR VAI LER UM POEMA SOBRE UM DADO QUE FOI DOADO.

OBSERVE A ILUSTRAÇÃO. O QUE HÁ DE ESTRANHO NESSE DADO?

DADO

DADO
DOADO A
DORIVAL FOI
DEVOLVIDO
DEVIDO A
DAR O
DOIS
DUAS VEZES.

NANI. *ABECEDÁRIO HILÁRIO*. BELO HORIZONTE: ABACATTE, 2009. P. 11.

ESTUDO DO TEXTO

1 COPIE DO POEMA.

A) NOME DO OBJETO DOADO: _____

B) NOME DE QUEM GANHOU O OBJETO: _____

2 DESENHE A QUANTIDADE DE PONTOS QUE PODEM APARECER NOS LADOS DE UM DADO.

3 MARQUE UM **X** NA RESPOSTA CORRETA.

A) O DADO FOI DEVOLVIDO. ISSO SIGNIFICA QUE ELE:

☐ NÃO FOI ACEITO.

☐ FOI DOADO.

B) POR QUE O DADO FOI DEVOLVIDO?

☐ PORQUE NÃO TINHA O DOIS.

☐ PORQUE TINHA O DOIS DUAS VEZES.

4 NO LIVRO *ABECEDÁRIO HILÁRIO* HÁ UM POEMA PARA CADA LETRA DO ALFABETO.

A) PARA QUE LETRA DO ALFABETO O POEMA "DADO" FOI ESCRITO? PARA A LETRA ☐.

B) CONTE AOS COLEGAS O QUE VOCÊ OBSERVOU NO POEMA PARA RESPONDER AO ITEM **A**.

ESTUDO DA LÍNGUA

LETRA D

DA DE DI DO DU da de di do du
Da De Di Do Du da de di do du

1 PINTE AS LETRAS QUE TORNAM UMA PALAVRA DIFERENTE DA OUTRA. DEPOIS, COPIE AS PALAVRAS.

| D | A | D | O |

| D | E | D | O |

_____   _____

- QUE SÍLABA É IGUAL NO NOME DESSAS FIGURAS?

  ESCREVA-A NO QUADRINHO. ☐

2 OBSERVE AS FIGURAS E LEIA O NOME DELAS.

REDE   BODE   BALDE

A) QUE SÍLABA APARECE NAS TRÊS PALAVRAS?

CIRCULE-AS E ESCREVA NO QUADRINHO. ☐

B) ESSA SÍLABA APARECE NO INÍCIO, NO MEIO OU NO FINAL DAS PALAVRAS? PINTE A RESPOSTA.

NO INÍCIO   NO MEIO   NO FINAL

78

3 USE AS SÍLABAS DA PALAVRA **DADO** PARA COMPLETAR O NOME DAS FIGURAS. DEPOIS, COPIE.

CANU_____   CADEA_____

_____   _____

ESCA_____   MACHA_____

_____   _____

COCA_____   TOMA_____

_____   _____

A) VOCÊ ESCREVEU AS SÍLABAS **DA** E **DO**:

☐ NO INÍCIO DAS PALAVRAS.

☐ NO MEIO DAS PALAVRAS.

☐ NO FINAL DAS PALAVRAS.

B) AS SÍLABAS **DA** E **DO** TAMBÉM PODEM SER ESCRITAS NO INÍCIO E NO MEIO DA PALAVRA. FALE OUTROS EXEMPLOS PARA O PROFESSOR ESCREVER NO QUADRO.

4 ENCONTRE O NOME DAS FIGURAS NO DIAGRAMA.

DEDO   CUECA   CADEADO

BOCA   CUBO   CABO

E	C	U	E	C	A	I	C
C	Q	T	C	N	W	L	U
A	B	D	E	D	O	R	B
B	F	Z	S	A	O	A	O
O	M	B	O	C	A	G	N
B	P	X	H	V	J	U	A
C	A	D	E	A	D	O	K

- SEPARE ORALMENTE AS PALAVRAS EM SÍLABAS. CIRCULE A FIGURA QUE TEM MAIS SÍLABAS NO NOME.

5 COMPLETE AS PALAVRAS COM da, de, di, do, du E COPIE-AS.

_eu _____   da___ _____

_a _____   ca_co _____

de_ _____   Du___ _____

a_bo _____   i_de _____

cabi_ _____   e_cado _____

6 ORDENE AS SÍLABAS E FORME PALAVRAS.

| do | de | _____

| do | da | _____

| do | a | de | ca | _____

7 FORME PALAVRAS COM AS LETRAS DO NOME DA FIGURA.

c _____
a _____
b _____
i _____
d _____
e _____

cabide

UM TEXTO PUXA OUTRO

VAMOS CONHECER MAIS ALGUMAS PALAVRAS QUE COMEÇAM COM A LETRA **D**?
ESCUTE A LEITURA DO PROFESSOR.

COM **D** ESCREVO DELÍCIA,
DEDO, DADO, DRAGÃO.

DENTE, DOMINGO, DOURADO.
DINOSSAURO, DIAMANTE, DOCE.
[...]

COM **D** INVENTO:
DOIS DINOSSAUROS DE DEZ DEDOS
DESOBEDECENDO A DOZE DRAGÕES
DOIDOS.
[...]

O QUE VOCÊ INVENTA COM **D**?

MARCO ANTÔNIO HAILER. *UM MUNDO CHAMADO ALFABETO*. SÃO PAULO: CAROCHINHA, 2014. P. 12-13.

1 LEIA COM O PROFESSOR ESTAS PALAVRAS DO POEMA.

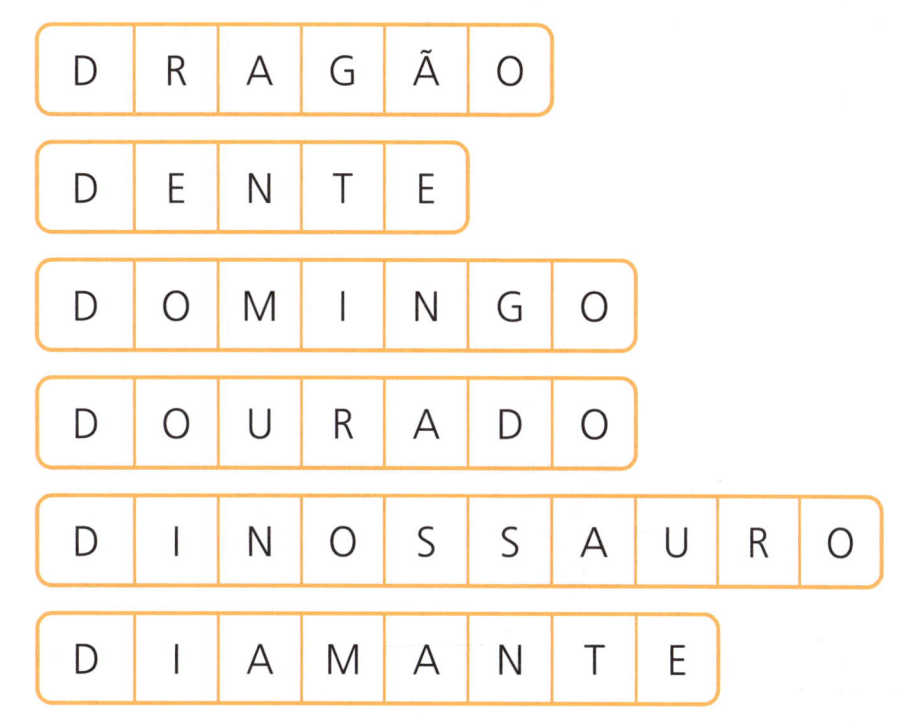

| D | R | A | G | Ã | O |

| D | E | N | T | E |

| D | O | M | I | N | G | O |

| D | O | U | R | A | D | O |

| D | I | N | O | S | S | A | U | R | O |

| D | I | A | M | A | N | T | E |

A) PINTE A LETRA **D** NAS PALAVRAS.

B) COPIE A PALAVRA QUE TEM MAIS LETRAS.

_____

C) COPIE A PALAVRA QUE TEM MENOS LETRAS.

_____

D) COPIE A PALAVRA EM QUE A LETRA **D** APARECE MAIS DE UMA VEZ.

_____

2 COPIE DO POEMA OUTRA PALAVRA QUE COMEÇA COM A LETRA **D**. DEPOIS, LEIA PARA OS COLEGAS A PALAVRA QUE VOCÊ ESCREVEU.

_____

83

PRODUÇÃO DE TEXTO

NO POEMA DA PÁGINA 82, O AUTOR CRIOU VERSOS USANDO PALAVRAS COM A LETRA **D**:

> DOIS DINOSSAUROS DE DEZ DEDOS
> DESOBEDECENDO A DOZE DRAGÕES DOIDOS.

VANESSA ALEXANDRE

O POEMA TAMBÉM FAZ UM CONVITE AOS LEITORES:

> O QUE VOCÊ INVENTA COM **D**?

PREPARAÇÃO

REÚNA-SE COM MAIS DOIS COLEGAS.
CONVERSEM: O QUE VOCÊS PODEM INVENTAR COM A LETRA **D**? O QUE ACHAM DE FAZER UMA LISTA DE PALAVRAS? DEPOIS, VOCÊS PODEM UTILIZAR AS PALAVRAS DESSA LISTA PARA CRIAR UM POEMA.

ESCRITA

CHEGOU A HORA DE COLOCAR EM PRÁTICA O QUE VOCÊS DECIDIRAM INVENTAR DE PALAVRAS QUE INICIAM COM A LETRA **D**.

_____

_____

_____

_____

_____

_____

_____

_____

_____

_____

_____

_____

EXPOSIÇÃO

ORGANIZEM UMA EXPOSIÇÃO COM AS LISTAS OU POEMAS DE TODOS OS GRUPOS.

AMPLIANDO O VOCABULÁRIO

DINOSSAURO
ANIMAL QUE VIVEU NA PRÉ-HISTÓRIA. ERAM RÉPTEIS DE TAMANHOS VARIADOS.

REPRESENTAÇÃO DE DINOSSAURO.

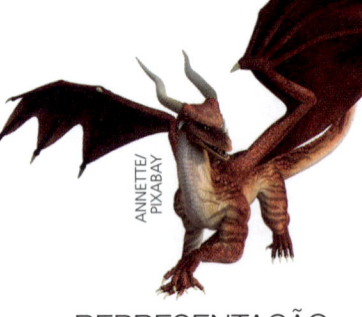

DRAGÃO
NAS HISTÓRIAS E LENDAS, MONSTRO DE ASAS DE ÁGUIA E CORPO DE LEÃO QUE SOLTA FOGO PELA BOCA.

REPRESENTAÇÃO DE DRAGÃO.

DOADO
TRANSFERIDO PARA OUTRA PESSOA.

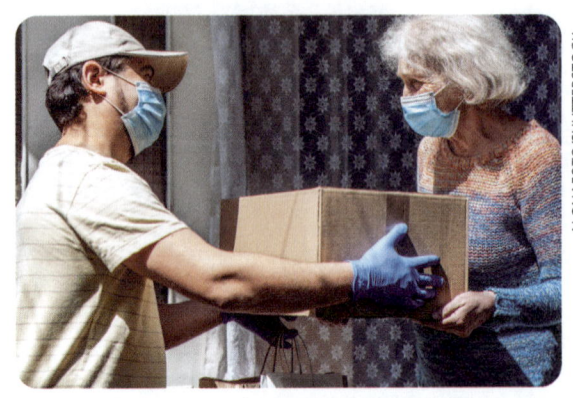

PESSOA ENTREGANDO DOAÇÃO.

HILÁRIO
ENGRAÇADO, QUE PROVOCA RISO.

PALHAÇO.

LEIA MAIS

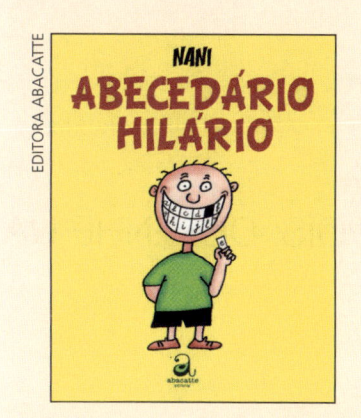

ABECEDÁRIO HILÁRIO

NANI. BELO HORIZONTE: ABACATTE, 2009.

NESSE LIVRO HÁ UM POEMA DIFERENTE E DIVERTIDO PARA CADA LETRA DO ALFABETO. QUE TAL VOCÊ ESCREVER UM POEMA USANDO A PRIMEIRA LETRA DO SEU NOME?

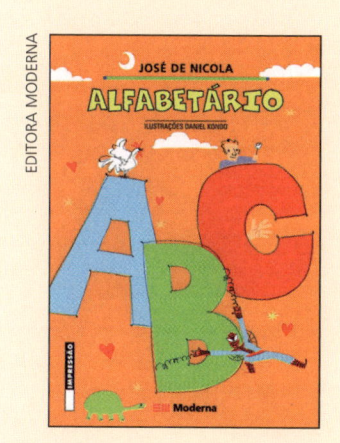

ALFABETÁRIO

JOSÉ DE NICOLA. SÃO PAULO: MODERNA, 2018.

NESSE LIVRO DE POEMAS, OS LEITORES PODERÃO RELACIONAR A FORMA GRÁFICA E O SOM DE CADA LETRA AO SIGNIFICADO DAS PALAVRAS.

FABRIQUETA ABECEDÁRIO

KATIA CANTON. SÃO PAULO: COMPANHIA DAS LETRINHAS, 2017.

NESSE LIVRO, PARA CADA LETRA DO ALFABETO HÁ SUGESTÕES VARIADAS DE ATIVIDADES. VOCÊ ENCONTRARÁ JOGOS, BRINCADEIRAS, POESIA, ARTE E MUITO MAIS.

LIÇÃO 7

ERA UMA VEZ UMA FADA

VAMOS COMEÇAR!

ACOMPANHE A LEITURA DO TEXTO. DEPOIS, DESENHE NA CENA A PERSONAGEM QUE FALTA.

ERA UMA VEZ

ERA UMA VEZ...
UMA FADA
QUE VIVIA NA COZINHA.
PEGAVA FARINHA,
OVO, FERMENTO,
UMA COLHER DE VENTO,
UM POUCO DE AÇÚCAR,
TRÊS BATIDAS NA PORTA
E... SCATAPLAM
SURGIA UMA TORTA.
[...]

JOSÉ DE NICOLA. *ALFABETÁRIO*. 3. ED. SÃO PAULO: MODERNA, 2017. P. 12. (COLEÇÃO GIRASSOL).

ESTUDO DO TEXTO

1 MARQUE UM **X** NA RESPOSTA CORRETA.

A) O TEXTO "ERA UMA VEZ":

☐ É UMA CANTIGA.   ☐ É UM POEMA.

B) UMA COLHER DE VENTO E TRÊS BATIDAS NA PORTA SÃO INGREDIENTES:

☐ INVENTADOS PELA FADA.

☐ UTILIZADOS EM MUITAS RECEITAS.

2 QUE PALAVRA MÁGICA FOI USADA PARA FAZER SURGIR UMA TORTA? PINTE O VERSO EM QUE ESSA PALAVRA ESTÁ ESCRITA.

TRÊS BATIDAS NA PORTA

E... SCATAPLAM

SURGIA UMA TORTA.

3 LEIA COM O PROFESSOR. DEPOIS, LIGUE AS PALAVRAS DO POEMA QUE TERMINAM COM O MESMO SOM.

FARINHA   TORTA

FERMENTO   COZINHA

PORTA   VENTO

89

ESTUDO DA LÍNGUA

LETRA F

| FA | FE | FI | FO | FU | fa | fe | fi | fo | fu |
| Fa | Fe | Fi | Fo | Fu | fa | fe | fi | fo | fu |

1 FORME O NOME DA FIGURA ABAIXO COM AS LETRAS MÓVEIS.

VANESSA ALEXANDRE

A) MARQUE UM **X** NO QUADRINHO ONDE ESTÁ ESCRITO O NOME DA FIGURA.

☐ FACA

☐ FADA

☐ FALA

B) SEPARE AS SÍLABAS DO NOME DA FIGURA.

☐ ☐

2 CIRCULE AS PALAVRAS DO POEMA QUE COMEÇAM COM A MESMA LETRA DE FADA.

FARINHA   OVO   FERMENTO

AÇÚCAR   TORTA

3 BRINQUE DE FORMAR PALAVRAS.

PALAVRA INICIAL	TROCA DE LETRAS	NOVA PALAVRA
VACA	V → F	
BOCA	B → F	
MALA	M → F	
VILA	V → F	

4 LEIA.

FIGO	FEIO	GARFO	FOTO
FOCA	FUBÁ	FACA	BIFE

- AGORA, CIRCULE AS SÍLABAS QUE TENHAM A LETRA F NAS PALAVRAS DO QUADRO ACIMA.

5 JUNTE A LETRA F AOS ENCONTROS DE VOGAIS E FORME PALAVRAS. LEIA-AS COM A AJUDA DO PROFESSOR.

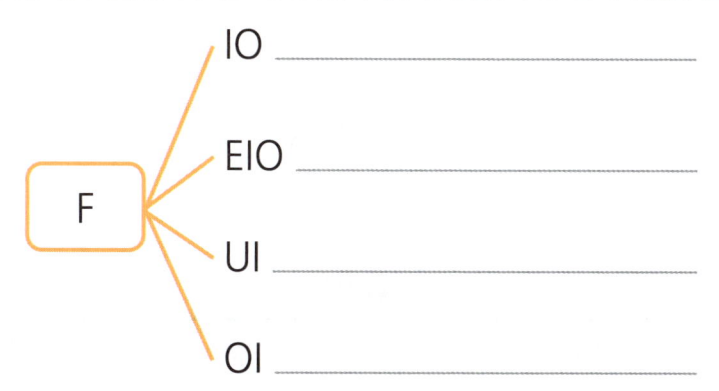

F
- IO _____
- EIO _____
- UI _____
- OI _____

6 ESCREVA O NOME DE CADA FIGURA NOS QUADRADINHOS.
DICA: CONTE O NÚMERO DE QUADRADINHOS E OBSERVE NO QUADRO QUAIS PALAVRAS TÊM O MESMO NÚMERO DE LETRAS.

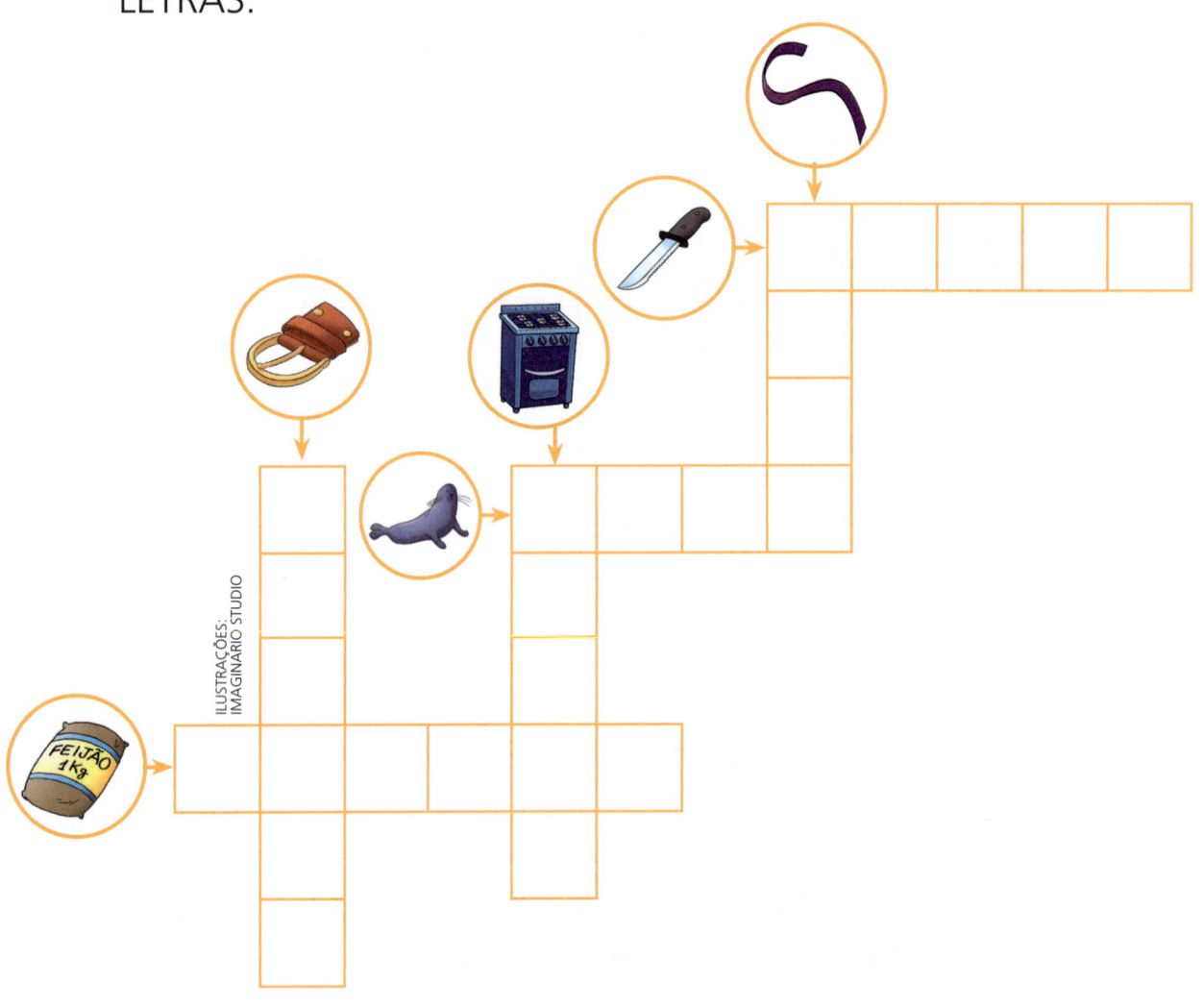

4 LETRAS	
FITA	FOCA
5 LETRAS	
FOGÃO	FACÃO
6 LETRAS	
FIVELA	FEIJÃO

7 ESCREVA O NOME DAS FIGURAS.

FIGO   BIFE   FACA   FOCA

_____   _____

_____   _____

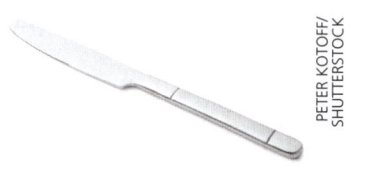

8 AS MENINAS VÃO PREPARAR UM BOLO COM A MAMÃE. AJUDE-AS A ENCONTRAR O PACOTE DE FARINHA, SEGUINDO AS SÍLABAS COM A LETRA f.

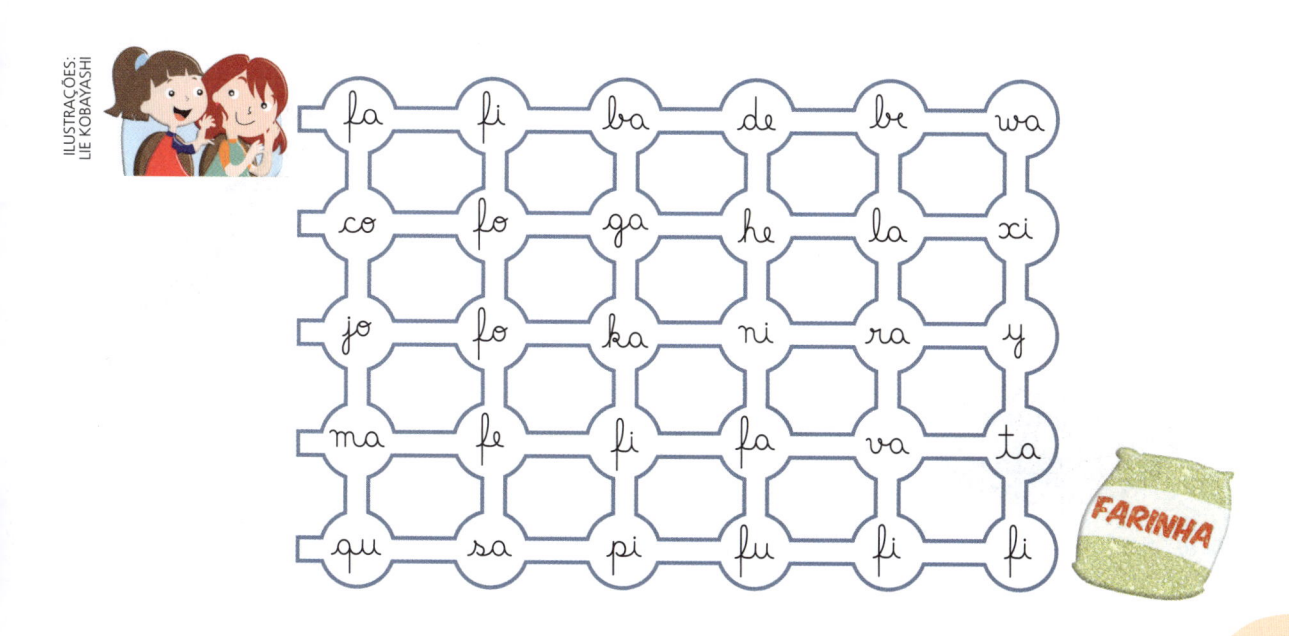

fa	fi	ba	de	be	wa
co	fo	ga	he	la	xi
jo	fo	ka	ni	ra	y
ma	fe	fi	fa	va	ta
qu	sa	pi	fu	fi	fi

9 PINTE OS BALÕES QUE TÊM A PALAVRA *foca*.

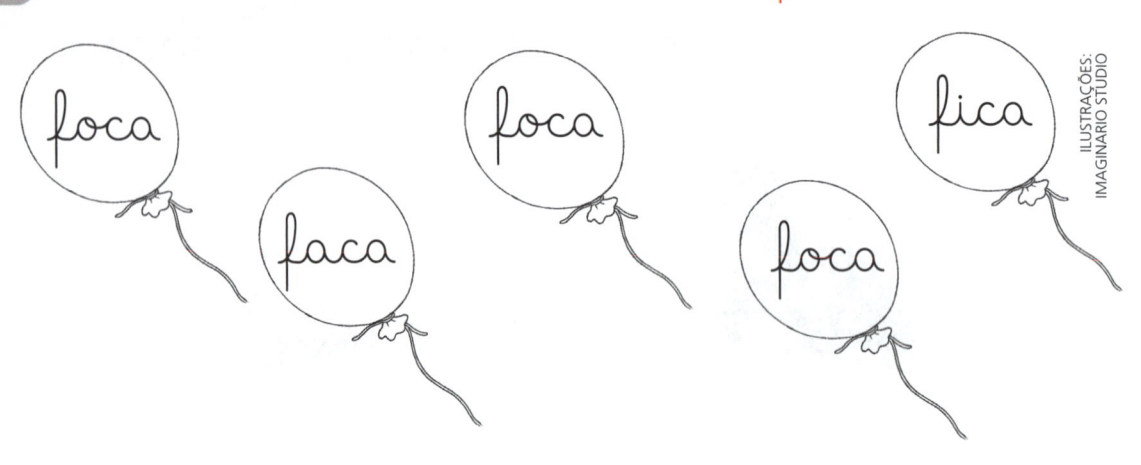

- foca
- faca
- foca
- foca
- fica

10 OBSERVE AS FIGURAS E COMPLETE AS PALAVRAS COM *fa, fe, fi, fo, fu*.

___nil

___vela

bi___

___go

___o

gira___

EU GOSTO DE APRENDER MAIS

O POEMA "ERA UMA VEZ", DA PÁGINA 88, FALA DE UMA FADA QUE VIVIA NA COZINHA. VOCÊ IMAGINOU QUE ESSA FADA PODERIA SER UMA COZINHEIRA? VOCÊ CONHECE ALGUMA COZINHEIRA?

1 FORME UMA RODA COM OS COLEGAS PARA CONVERSAR SOBRE PROFISSÕES. OBSERVE AS FOTOS E RESPONDA.

A) QUAIS PROFISSÕES VOCÊS CONHECEM?

B) QUE MATERIAIS SÃO UTILIZADOS PELA PESSOA QUE TRABALHA NESSA PROFISSÃO?

C) ONDE ELA TRABALHA?

D) O QUE ELA FAZ?

E) POR QUE ESSA PROFISSÃO É IMPORTANTE?

CAMINHONEIRA.

MÉDICA.

FLORISTA.

PROFESSORA.

2 ENTREVISTE UMA PESSOA DE SUA CONVIVÊNCIA. PODE SER, POR EXEMPLO, UM FAMILIAR, UM VIZINHO, UM FUNCIONÁRIO DA ESCOLA. PEÇA A AJUDA DESSA PESSOA PARA RESPONDER ÀS PERGUNTAS A SEGUIR E DAR AS INFORMAÇÕES SOLICITADAS.

NOME DO ENTREVISTADO: _____

_____

IDADE: _____

PERGUNTA 1: QUAL É SUA PROFISSÃO?

RESPOSTA: _____

_____

PERGUNTA 2: O QUE VOCÊ FAZ EM SEU TRABALHO?

RESPOSTA: _____

_____

PERGUNTA 3: VOCÊ CONSIDERA SEU TRABALHO IMPORTANTE? POR QUÊ?

RESPOSTA: _____

_____

💬 APRESENTE OS RESULTADOS DA SUA ENTREVISTA PARA OS COLEGAS.

UM TEXTO PUXA OUTRO

O PROFESSOR VAI LER A CONTINUAÇÃO DO POEMA "ERA UMA VEZ". ACOMPANHE COM ATENÇÃO.

ERA UMA VEZ...
UM MÁGICO PEDREIRO
(QUASE VERDADEIRO).
PEGAVA TIJOLO,
CAL, CIMENTO,
UM BALDE DE VENTO,
JUNTAVA ARGAMASSA
E... SCATAPLUM
ESTAVA PRONTA UMA CASA.
ERA UMA VEZ...
E AINDA É!
JOSÉ DE NICOLA. *ALFABETÁRIO*.
SÃO PAULO: MODERNA, 2012.

1 ESSA PARTE DO POEMA FALA DE UMA PESSOA QUE TRABALHA CONSTRUINDO MUROS, PONTES, MORADIAS, EDIFÍCIOS ENTRE OUTROS TIPOS DE CONSTRUÇÃO. VOCÊ CONHECE ALGUM PEDREIRO? CONTE AOS COLEGAS.

AMPLIANDO O VOCABULÁRIO

ARGAMASSA
MISTURA DE AREIA, CIMENTO, CAL E ÁGUA UTILIZADA EM CONSTRUÇÕES.

PRODUÇÃO DE TEXTO

VAMOS ESCREVER NOVOS VERSOS INSPIRADOS NO POEMA "ERA UMA VEZ" PARA RECITAR PARA OUTRAS TURMAS DA ESCOLA?

PREPARAÇÃO

FAÇAM UMA VOTAÇÃO PARA ESCOLHER UMA PROFISSÃO. AJUDEM O PROFESSOR A REGISTRAR NO QUADRO O MAIOR NÚMERO POSSÍVEL DE PALAVRAS QUE ESTÃO RELACIONADAS A ESSA PROFISSÃO.

EXEMPLO: **PINTOR**

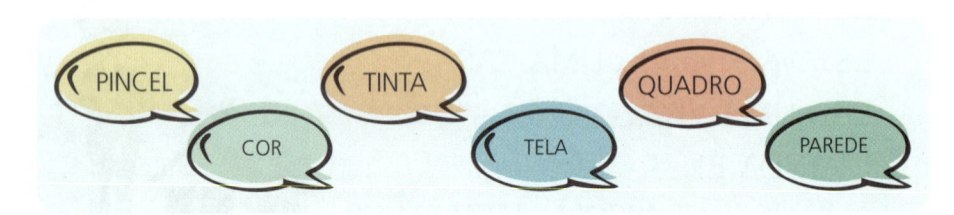

PINCEL   TINTA   QUADRO
COR   TELA   PAREDE

PENSEM TAMBÉM EM UMA PALAVRA MÁGICA, QUE FAÇA UMA TRANSFORMAÇÃO, COMO **SCATAPLAM**, **SCATAPLUM**, **PLIM-PLIM**, **ABRACADABRA** OU OUTRA.

ESCRITA

COM O PROFESSOR, CRIEM O POEMA. ELE VAI ESCREVER O TEXTO NO QUADRO. COPIE EM SEU CADERNO O POEMA CRIADO PELA TURMA. DEPOIS, FAÇA UM DESENHO PARA ILUSTRÁ-LO.

REVISÃO

VERIFIQUE SE VOCÊ COPIOU TODAS AS PALAVRAS.

APRESENTAÇÃO

ENSAIEM A LEITURA COLETIVA DO TEXTO ALGUMAS VEZES. NO DIA COMBINADO PELO PROFESSOR, RECITEM PARA OUTRAS TURMAS O POEMA QUE VOCÊS CRIARAM.

LEIA MAIS

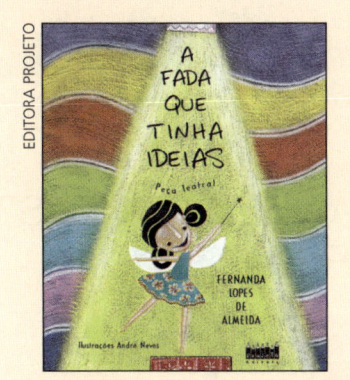

A FADA QUE TINHA IDEIAS – PEÇA TEATRAL

FERNANDA LOPES DE ALMEIDA. PORTO ALEGRE: PROJETO, 2004.

ESSE LIVRO, ESCRITO EM VERSÃO PARA TEATRO, CONTA A HISTÓRIA DE UMA PERSONAGEM CHAMADA CLARA LUZ. ELA É UMA FADA QUE QUER INVENTAR SUAS PRÓPRIAS MÁGICAS.

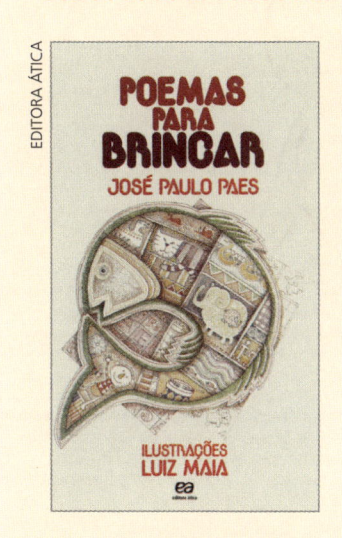

POEMAS PARA BRINCAR

JOSÉ PAULO PAES. SÃO PAULO: ÁTICA, 2011.

NESSE LIVRO HÁ POEMAS QUE APRESENTAM JOGOS DE PALAVRAS E ATÉ UM ABECEDÁRIO COM SIGNIFICADOS ILUSTRATIVOS.

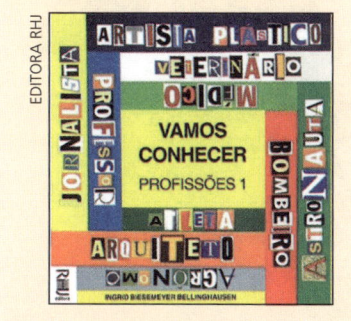

VAMOS CONHECER PROFISSÕES – VOLUME 1

INGRID BIESEMEYER BELLINGHAUSEN. BELO HORIZONTE: RHJ, 2005.

ESSE LIVRO APRESENTA ALGUMAS PROFISSÕES E EXPLICA AO LEITOR AS ATIVIDADES QUE SÃO DESENVOLVIDAS EM CADA UMA DELAS.

LIÇÃO 8

É GATO OU NÃO É?

VAMOS COMEÇAR!

VOCÊ É BOM EM DESCOBRIR RESPOSTAS DE ADIVINHAS? OUÇA AS ADIVINHAS QUE O PROFESSOR VAI LER.

1. O QUE É, O QUE É?
TEM CARA DE GATO
PÉS DE GATO
UNHAS DE GATO
RABO DE GATO
CORPO DE GATO
E NÃO É GATO.

DOMÍNIO PÚBLICO.

2. O QUE É, O QUE É?
O GAFANHOTO TEM NO INÍCIO
E A PULGA TEM NO FIM

DOMÍNIO PÚBLICO.

ESTUDO DO TEXTO

1 A ADIVINHA É UM TEXTO QUE PEDE UMA RESPOSTA. ESCREVA AS RESPOSTAS DAS ADIVINHAS QUE VOCÊ OUVIU.

1 _____   2 _____

2 ESCUTE A LEITURA DO PROFESSOR E MARQUE UM **X** NA RESPOSTA CORRETA.

AS ADIVINHAS QUE VOCÊ OUVIU COMEÇAM COM:

☐ ERA UMA VEZ.

☐ A PALAVRA **GATO**.

☐ O QUE É, O QUE É?

3 CIRCULE AS PALAVRAS QUE OFERECEM PISTAS PARA DESCOBRIR A RESPOSTA DA ADIVINHA 1.

RABO DE GATO	CABEÇA	UNHAS DE GATO
PÉS DE GATO	CORPO DE GATO	BIGODE
DENTES	BARRIGA	CARA DE GATO

4 PINTE AS SÍLABAS IGUAIS DAS PALAVRAS.

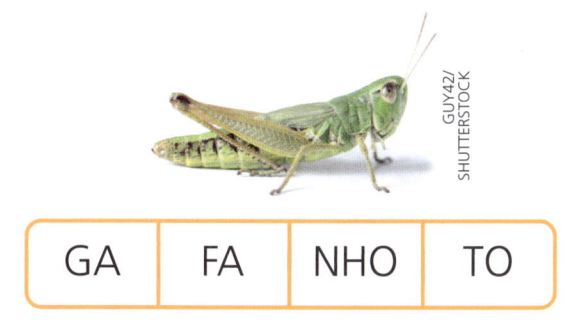

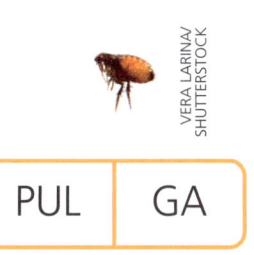

| GA | FA | NHO | TO |

| PUL | GA |

ESTUDO DA LÍNGUA

LETRA G

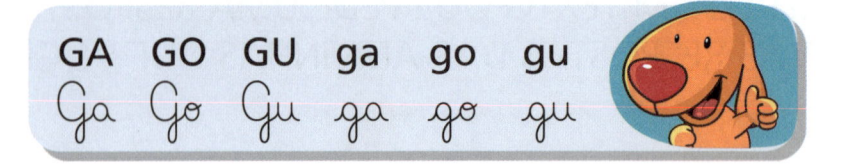

GA GO GU ga go gu
Ga Go Gu ga go gu

1 COM AS LETRAS MÓVEIS, FORME O NOME DA FIGURA.

A) COPIE O NOME QUE VOCÊ FORMOU.

B) FALE O NOME DA FIGURA EM VOZ ALTA, SEPARANDO A PALAVRA EM SÍLABAS.

C) ESCREVA AS SÍLABAS QUE VOCÊ PRONUNCIOU.

2 LEIA AS PALAVRAS.

GAGO	GOIABA	GOTA	ALUGA
GOLE	BIGODE	FIGO	GADO
GUGA	LIGA	GAIOLA	GUDE
FUGA	DIGO	GOLA	DIEGO

3 CIRCULE, NAS PALAVRAS ABAIXO, A SÍLABA IGUAL À QUE ESTÁ DESTACADA.

GA	DIGO GAGO GOIABADA GALO
GO	GOLA GAGO AFOGADO GAGA
GU	GUDE FÍGADO AGULHA BIGODE

4 COPIE AS PALAVRAS NAS COLUNAS CERTAS.

FOGO   AFOGADO   GOIABADA   GADO
AGUDO   FÍGADO   GOIABA   ALUGADO

2 SÍLABAS	3 SÍLABAS	4 SÍLABAS

5 CIRCULE A FIGURA QUE TEM O NOME COMEÇADO POR **GA**.

6 AGORA CIRCULE A FIGURA QUE TEM O NOME TERMINADO POR **GA**.

7 ESCREVA O NOME DOS ANIMAIS, CONSULTANDO O QUADRO ABAIXO.

GAFANHOTO   GALINHA   GAVIÃO   GALO

_____   _____

_____   _____

8 TROQUE AS CONSOANTES DESTACADAS.

| G | O | L | A | → | B | → | | O | L | A |

| G | O | M | A | → | C | → | | O | M | A |

| G | U | L | A | → | M | → | | U | L | A |

| G | A | T | A | → | L | → | | A | T | A |

| G | A | T | O | → | P | → | | A | T | O |

GE GI ge gi
Ge Gi ge gi

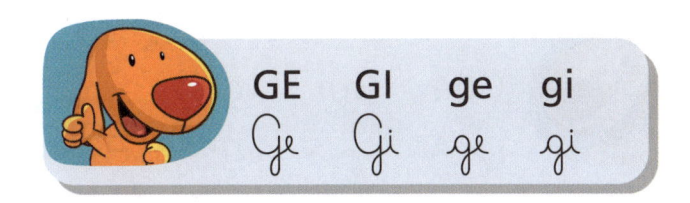

1 LEIA OS NOMES DO QUADRO E CIRCULE AS SÍLABAS **GE** E **GI**.

GETÚLIO	GISELE	REGINALDO
GIOVANA	JORGE	REGIANE
AGENOR	GINA	ANGÉLICA

A) COPIE DO QUADRO UM NOME DE MENINO QUE:

- COMEÇA COM **GE**. _____
- TEM **GE** NA SEGUNDA SÍLABA. _____

B) COPIE DO QUADRO UM NOME DE MENINA QUE:

- TEM **GI** NA PRIMEIRA SÍLABA. _____
- TEM **GI** NA SEGUNDA SÍLABA. _____

2 LEIA AS PALAVRAS. CIRCULE AS SÍLABAS **GE** E **GI**.

GEMA	GIBI	PÁGINA
GIRAFA	TIGELA	MÁGICO
GELO	GEADA	COLÉGIO
RELÓGIO	GELATINA	GELEIA

QUANDO A LETRA **G** VEM SEGUIDA DAS LETRAS **E** E **I**, ELA TEM O SOM DE **J**.

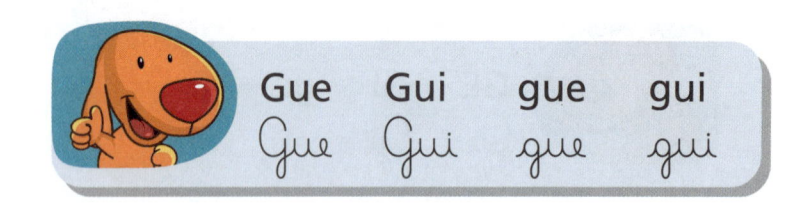

Gue Gui gue gui
Gue Gui gue gui

1 LEIA AS PALAVRAS EM VOZ ALTA E CIRCULE AS SÍLABAS **GUE** E **GUI**.

MANGUEIRA	GUITARRA	GUILHERME
GUICHÊ	FOGUEIRA	MIGUEL
FOGUETE	GUIZO	AMIGUINHO
SANGUE	JEGUE	ÁGUIA
GUIA	GUINDASTE	AÇOUGUE

2 LEIA E LIGUE A PALAVRA EM LETRA DE IMPRENSA MAIÚSCULA À MESMA PALAVRA EM LETRA CURSIVA MINÚSCULA. DEPOIS, COPIE.

ÁGUIA — caranguejo _____

CARANGUEJO — pinguim _____

GUEPARDO — águia _____

PINGUIM — guepardo _____

QUANDO A LETRA **G** VEM SEGUIDA DA LETRA **U** E DEPOIS DE **E** OU **I**, ELA TEM O SOM **G** E O **U** NÃO TEM SOM.

Gua   Guo   gua   guo
Gua   Guo   gua   guo

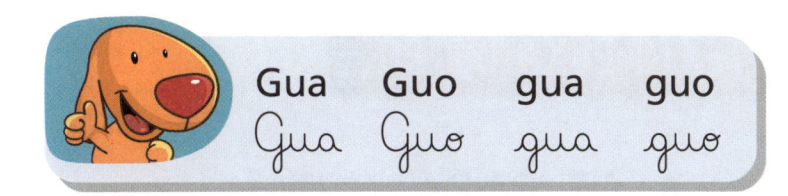

1 LEIA AS PALAVRAS EM VOZ ALTA E CIRCULE AS SÍLABAS **GUA** E **GUO**.

ÉGUA	GUACHE	GUARANÁ
ENXÁGUO	LÍNGUA	GUARDA
ÁGUA	ENXAGUOU	RÉGUA
AMBÍGUO	IGUALDADE	GUARITA

2 LEIA AS PALAVRAS E SEPARE ORALMENTE AS SÍLABAS. CIRCULE AS SÍLABAS COM **G** NAS PALAVRAS.

GELATINA   AMIGUINHO

GIBI   JAGUATIRICA

GANGORRA   AGUOU

GOIABA   GUARANI

AGULHA   GALHO

FORMIGUEIRO   GOTA

JAGUATIRICA.

A SÍLABA **GUA** É FORMADA PELOS SONS **G, U, A**.
A SÍLABA **GUO** É FORMADA PELOS SONS **G, U, O**.

UM TEXTO PUXA OUTRO

ACOMPANHE A LEITURA DA ADIVINHA.

MAS QUE BICHO ESTRANHO É ESSE?
E O SEU NOME, QUAL SERÁ?
TEM NO INÍCIO A LETRA "G"
E NO FIM A LETRA "A"
O MAU CHEIRO FORTE ASSUSTA
QUEM SE METE COM O...

FÁBIO SOMBRA. *ONÇA, VEADO, POESIA E BORDADO*.
SÃO PAULO: MODERNA, 2013.

1 MARQUE COM UM **X** A RESPOSTA DA ADIVINHA.

GATA ☐   GAIVOTA ☐

GAMBÁ ☐   GAVIÃO ☐

2 COMO VOCÊ DESCOBRIU A RESPOSTA DA ADIVINHA? CONTE AOS COLEGAS.

PRODUÇÃO DE TEXTO

VOCÊ E OS COLEGAS VÃO FORMAR UM PEQUENO LIVRO DE ADIVINHAS PARA DOAR À ESCOLA.

PREPARAÇÃO

O PROFESSOR VAI ORGANIZAR A TURMA EM DOIS GRUPOS.

OUÇAM AS ADIVINHAS QUE ELE VAI LER E ESCREVAM AS RESPOSTAS.

AGORA, PESQUISEM OUTRAS ADIVINHAS EM LIVROS, JORNAIS, REVISTAS E *SITES*, COM A AJUDA DO PROFESSOR.

ESCRITA

COPIE UMA ADIVINHA EM UMA FOLHA DE PAPEL, SEM A RESPOSTA.

REVISÃO

MOSTRE O TEXTO PARA O PROFESSOR VERIFICAR SE VOCÊ ESCREVEU TODAS AS PALAVRAS CORRETAMENTE E SE HÁ ESPAÇO ENTRE UMA PALAVRA E OUTRA.

VERSÃO FINAL

FAÇA AS CORREÇÕES QUE O PROFESSOR PEDIR. DEPOIS, PASSE-O A LIMPO EM OUTRA FOLHA DE PAPEL, SEM DAR A RESPOSTA.

O PROFESSOR VAI REUNIR AS FOLHAS E PREPARAR UMA LISTA DE RESPOSTAS PARA COLOCAR NO FINAL DO LIVRO.

AMPLIANDO O VOCABULÁRIO

AMBÍGUO
QUE TEM DIFERENTES SENTIDOS.

GIBI
REVISTA EM QUADRINHOS.

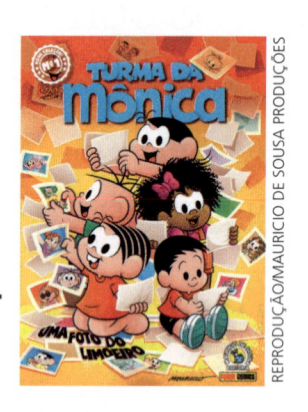

GUARITA
PEQUENA CONSTRUÇÃO QUE SERVE DE ABRIGO PARA VIGIAS E SENTINELAS.

GUICHÊ
PEQUENA ABERTURA NUMA PORTA, PAREDE, GRADE ETC., PARA VENDA DE INGRESSOS, PAGAMENTOS E RECEBIMENTOS; CAIXA.

GUINDASTE
MÁQUINA USADA PARA ERGUER OU DESLOCAR CARGAS E VOLUMES MUITO PESADOS.

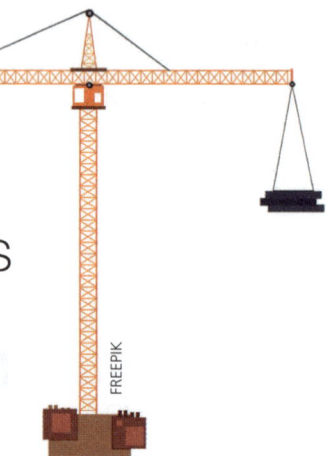

GUIZO
PEQUENA ESFERA DE METAL COM BOLINHAS DENTRO QUE PRODUZ SOM QUANDO É SACUDIDA.

LEIA MAIS

O LIVRO DAS ADIVINHAS

ANTÓNIO MOTA. SÃO PAULO: LEYA, 2012.

NESSE LIVRO HÁ UMA COLETÂNEA COM 87 ADIVINHAS QUE DESAFIAM O LEITOR A ACERTAR A RESPOSTA.

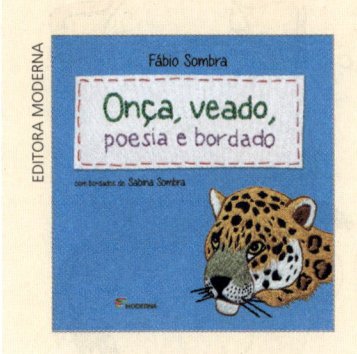

ONÇA, VEADO, POESIA E BORDADO

FÁBIO SOMBRA. SÃO PAULO: MODERNA, 2013.

NESSE LIVRO HÁ 16 ADIVINHAS SOBRE ANIMAIS BRASILEIROS ESCRITAS EM FORMA DE VERSOS DIVERTIDOS E RIMADOS.

O QUE É, O QUE É? – VOLUME 1

RUTH ROCHA. SÃO PAULO: SALAMANDRA, 2015.

NESSE LIVRO HÁ ADIVINHAS BEM ENGRAÇADAS PARA VOCÊ SE DIVERTIR COM OS AMIGOS E A FAMÍLIA.

LIÇÃO 9

ORA, HORA!

VAMOS COMEÇAR!

O PROFESSOR VAI LER UM POEMA.

ORA, HORA!

HORA DE DORMIR,
HORA DE ACORDAR,
HORA DE COMER,
HORA DE TOMAR BANHO,
HORA DE SE VESTIR.
HORA DE VER TELEVISÃO!
HORA DE BRINCAR LÁ FORA!
HORA DE AGORA,
HORA DE DAQUI A POUCO,
HORA DE TODA HORA...
ORA, ORA!
SERÁ QUE NINGUÉM DESCONFIA
QUE EU NÃO SOU RELÓGIO?
ORA, HORA!

CARLOS QUEIROZ TELLES.
ABOBRINHA QUANDO CRESCE.
SÃO PAULO: MODERNA, 2010.

ESTUDO DO TEXTO

1 QUEM VOCÊ ACHA QUE ESTÁ "FALANDO" NO TEXTO? MARQUE UM **X**.

☐ UMA CRIANÇA ☐ UM ADULTO

2 CONVERSE COM O PROFESSOR E OS COLEGAS.

A) COMO SÃO OS DIAS E AS NOITES DESSA PESSOA?

B) VOCÊ SABE DIZER QUE TIPO DE TEXTO É ESSE?

C) COMO VOCÊ DESCOBRIU?

D) UM POEMA DEVE SEMPRE TER RIMAS?

E) ENTÃO PODEMOS DIZER QUE ESSE É UM POEMA SEM RIMAS?

3 FAÇA UM DESENHO REPRESENTANDO AQUELA HORA DO DIA DE QUE VOCÊ MAIS GOSTA. NÃO SE ESQUEÇA DE ESCREVER QUAL É.

ESTUDO DA LÍNGUA

LETRA H

| HA | HE | HI | HO | HU | ha | he | hi | ho | hu |
| Ha | He | Hi | Ho | Hu | ha | he | hi | ho | hu |

1 LIGUE AS IMAGENS AOS SEUS NOMES.

ORQUÍDEA

HORTÊNSIA

HORTELÃ

2 CIRCULE A PRIMEIRA SÍLABA DAS PALAVRAS DA ATIVIDADE 1.

A) O QUE DIFERENCIA ESSAS SÍLABAS NA ESCRITA?

☐ AS PALAVRAS **HORTELÃ** E **HORTÊNSIA** SÃO ESCRITAS COM A LETRA **H** NO INÍCIO.

☐ NÃO HÁ DIFERENÇA ENTRE AS SÍLABAS.

B) O QUE VOCÊ PERCEBEU EM RELAÇÃO AO SOM DESSAS SÍLABAS?

☐ AS SÍLABAS NÃO TÊM O MESMO SOM.

☐ AS SÍLABAS TÊM O MESMO SOM.

3 COMPLETE O NOME DOS ANIMAIS. DEPOIS, COPIE.

_____ENA

_____POPÓTAMO

_____GUANA

_____AQUE

4 LEIA AS PALAVRAS EM VOZ ALTA.

HORA	HOTEL	HISTÓRIA
HOMEM	HOJE	HARPA
HOSPITAL	HUMANO	HÉLICE

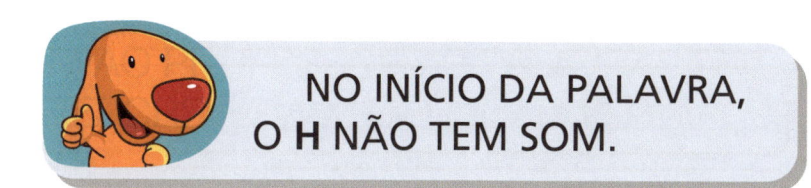

NO INÍCIO DA PALAVRA, O **H** NÃO TEM SOM.

- REÚNA-SE COM UM COLEGA. ESCREVAM MAIS TRÊS PALAVRAS INICIADAS PELA LETRA **H**.

115

5 LEIA E SEPARE AS SÍLABAS DESTAS PALAVRAS.

hoje _____

higiene _____

hospital _____

hálito _____

6 OBSERVE AS FIGURAS E COMPLETE AS PALAVRAS.

___popótamo   ___mem   ___lice

___lofote   ___tel   ___ra

7 LEIA AS PALAVRAS E ESCREVA-AS NA FILEIRA CORRESPONDENTE.

HORA	HERÓI	HABILIDADE	HUGO	HIENA
HÁBITO	HÉLICE	HUMANO	HIGIENE	HOJE

HA _____

HE _____

HI _____

HO _____

HU _____

> VOCÊ PERCEBEU COMO A LETRA **H** É USADA?
> NESSES CASOS, ELA SERVE PARA MODIFICAR O SOM
> DE OUTRAS LETRAS E FORMAR NOVOS GRUPOS:
> L – LH   N – NH   C – CH

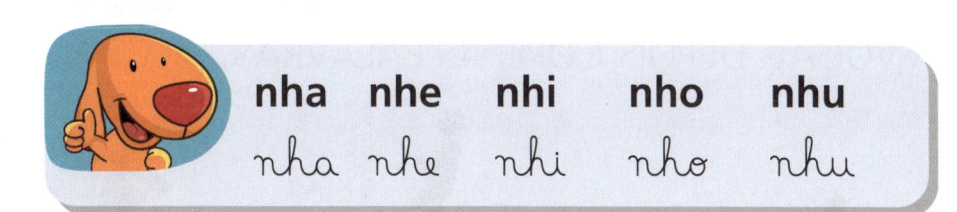

nha nhe nhi nho nhu

nha nhe nhi nho nhu

1 COMPLETE O NOME DAS FIGURAS ABAIXO USANDO *nh* E UMA VOGAL. DEPOIS COPIE AS PALAVRAS.

joani____

gafa____to

ba____

ara____

lha lhe lhi lho lhu
lha lhe lhi lho lhu

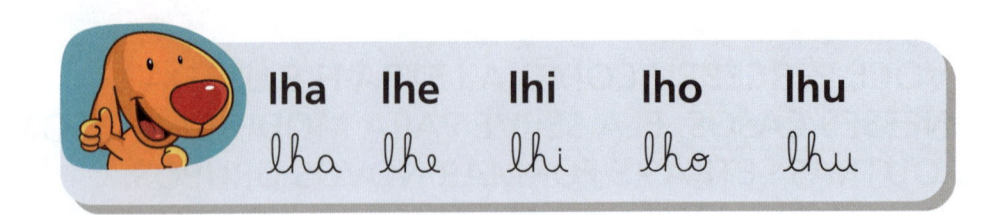

2 COMPLETE O NOME DAS FIGURAS ABAIXO USANDO *lh* E UMA VOGAL. DEPOIS COPIE AS PALAVRAS.

abe_____   pa_____ço   rama_____te

cha che chi cho chu
cha che chi cho chu

3 COMPLETE O NOME DAS FIGURAS ABAIXO USANDO *ch* E UMA VOGAL. DEPOIS COPIE AS PALAVRAS.

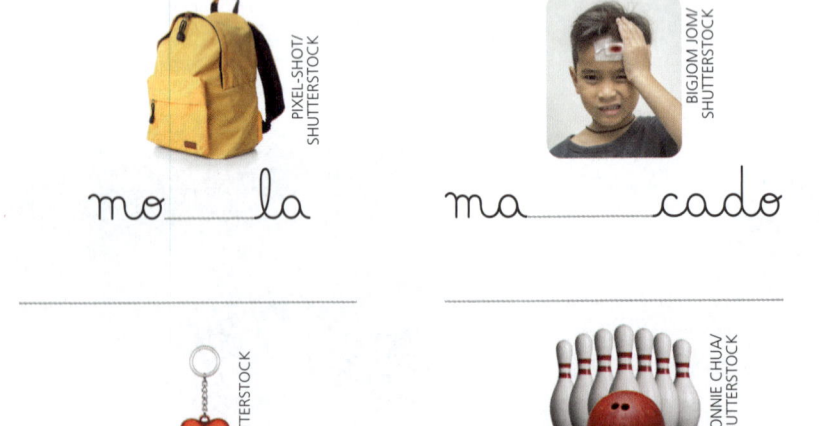

mo_____la   ma_____cado

_____veiro   boli_____

VOCÊ PERCEBEU QUE AS LETRAS **CH** TÊM SOM IGUAL AO DA LETRA **X**?

4 LEIA AS PALAVRAS.

GALINHA	COELHO	CHÁ
PINHEIRO	ALHO	CHINELO
BANHEIRO	AGULHA	BICHO
NINHO	BILHETE	MACHUCADO
LINHA	VELHINHA	CHUVEIRO
NENHUMA	ORELHUDO	CHAPÉU

5 FORME NOVAS PALAVRAS ACRESCENTANDO O H. VEJA OS EXEMPLOS.

pino *pinho*   cocada *chocada*

cama _____   fila _____

bico _____   sono _____

bola _____   vela _____

caco _____   fica _____

mina _____   mala _____

6 PROCURE EM JORNAIS E REVISTAS E COPIE NO QUADRO ABAIXO PALAVRAS COM NH, LH E CH.

NH	LH	CH

NA SEPARAÇÃO DE SÍLABAS DE PALAVRAS COM **NH**, **LH** E **CH**, ESSAS DUPLAS DE LETRAS DEVEM SEMPRE FICAR JUNTAS. VEJA:

PA**LH**AÇO → PA – **LH**A – ÇO
CA**CH**O → CA – **CH**O
NI**NH**O → NI – **NH**O

7 SEPARE AS SÍLABAS.

FILHOTE _____

ARANHA _____

CHUVA _____

VIZINHO _____

ORELHA _____

FECHADURA _____

8 COMPLETE AS FRASES COM UMA DAS PALAVRAS DOS PARÊNTESES.

Meu cabelo está cheio de _____. (cachos – cacos)

Esqueci de comprar a _____ para o bolo. (vela – velha)

Essa boneca é _____. (mina – minha)

Leve sua _____ de futebol para o jogo hoje! (bola – bolha)

UM TEXTO PUXA OUTRO

O PROFESSOR VAI LER UM POEMA.

COM **H** ESCREVO
HORTA, HORTELÃ,
HÓSPEDE E HOJE...
[...]

COM **H** VEJO AS HORAS,
COM **H** VISITO UM HOTEL.

COM **H** VOO DE HELICÓPTERO,
COM **H** DANÇO HULA-HULA.

COM **H** VOU AO HIPERMERCADO
E AI, AI, AI, VOU TAMBÉM
AO HOSPITAL!

MARCO ANTÔNIO HAILER. *UM MUNDO CHAMADO ALFABETO*. SÃO PAULO: CAROCHINHA, 2014. P. 20-21.

1 E VOCÊ, O QUE FAZ COM **H**? CONTE AOS COLEGAS.

2 COM UM COLEGA, FAÇA UMA LISTA COM AS 10 PALAVRAS DO POEMA QUE COMEÇAM COM A LETRA **H**.

3 COPIE DA LISTA O NOME DO LUGAR ONDE SE PODE:

A) FAZER COMPRAS. _____

B) CUIDAR DA SAÚDE. _____

C) COLHER PLANTAS QUE SERVEM DE ALIMENTO. _____

D) DORMIR QUANDO ESTAMOS VIAJANDO. _____

PRODUÇÃO DE TEXTO

AGORA É SUA VEZ DE ESCREVER PALAVRAS COM A LETRA **H**.

PREPARAÇÃO

FORME UM GRUPO COM MAIS DOIS OU TRÊS COLEGAS. REÚNAM MATERIAIS COM PALAVRAS ESCRITAS, COMO LIVROS, JORNAIS, REVISTAS, FOLHETOS DE SUPERMERCADO, EMBALAGENS DE PRODUTOS.

ESCRITA

ESCREVAM UMA LISTA NO CADERNO COM O MAIOR NÚMERO POSSÍVEL DE PALAVRAS COM **H**.

ESCOLHA DUAS PALAVRAS DESSA LISTA E FORME FRASES COM ELAS.

REVISÃO

MOSTREM AO PROFESSOR AS PALAVRAS E AS FRASES QUE VOCÊS ESCREVERAM. CORRIJAM O QUE FOR NECESSÁRIO.

CARTAZ

O PROFESSOR VAI ORGANIZAR UM CARTAZ COM AS FRASES DE TODOS OS GRUPOS PARA DEIXAR EXPOSTO NA SALA DE AULA.

AMPLIANDO O VOCABULÁRIO

HARPA

INSTRUMENTO MUSICAL COMPOSTO DE UMA GRANDE MOLDURA TRIANGULAR DE MADEIRA E MUITAS CORDAS PARALELAS.

HARPA.

HÉLICE

1. CONJUNTO DE DUAS OU TRÊS PÁS, PRESAS POR UMA DAS PONTAS NUM EIXO. GIRA PARA DAR IMPULSO A UM AVIÃO, NAVIO ETC.
2. PEÇA SEMELHANTE A ESSA QUE GIRA NUM VENTILADOR PARA MOVIMENTAR O AR E REFRESCAR O AMBIENTE.

HÉLICE.

HORTELÃ

PLANTA PEQUENA CUJAS FOLHAS POSSUEM SABOR E CHEIRO REFRESCANTES. É UTILIZADA COMO TEMPERO E TAMBÉM PARA FAZER CHÁ, BALAS, CHICLETES.

HORTELÃ.

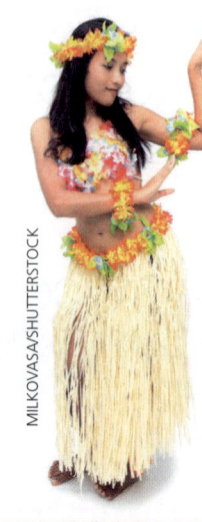

HULA-HULA
TIPO DE DANÇA HAVAIANA.

LEIA MAIS

TIRA LETRA, LETRA PÕE

IVO MINKOVICIUS. SÃO PAULO: EDITORA DE CULTURA, 2013.

ESSE LIVRO MOSTRA DIFERENTES PALAVRAS QUE PODEM SER FORMADAS AO TROCAR, ACRESCENTAR OU TIRAR UMA LETRA.

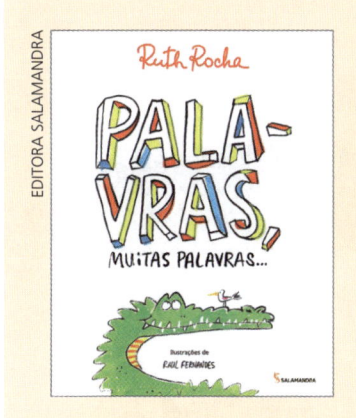

PALAVRAS, MUITAS PALAVRAS...

RUTH ROCHA. SÃO PAULO: SALAMANDRA, 2013.

ESSE LIVRO MOSTRA ÀS CRIANÇAS QUE APRENDER E A LER PODE SER UMA GOSTOSA DIVERSÃO.

A MENINA DE NOME ENFEITADO

MIRIAM LEITÃO. RIO DE JANEIRO: ROCCO, 2014.

ESSE LIVRO CONTA A HISTÓRIA DE UMA MENINA CHAMADA NATHÁLIA QUE ESTÁ APRENDENDO A LER E QUER SABER PARA QUE SERVE UMA LETRA DO SEU NOME, O **H**.

LIÇÃO 10

QUAL É O ANIMAL?

VAMOS COMEÇAR!

ESCUTE A LEITURA DO PROFESSOR E TENTE DESCOBRIR AS RESPOSTAS DAS ADIVINHAS.

QUAL É O ANIMAL?

QUAL É O ANIMAL
QUE SEM A ÚLTIMA SÍLABA É FRUTA?

RESPOSTA: _____

DOMÍNIO PÚBLICO.

QUAL É O ANIMAL
QUE NÃO VALE MAIS NADA?

RESPOSTA: _____

DOMÍNIO PÚBLICO.

O BARCO TEM O CASCO PARA CIMA.
QUAL É O ANIMAL
QUE TEM O CASCO PARA BAIXO?

RESPOSTA: _____

DOMÍNIO PÚBLICO.

ESTUDO DO TEXTO

1 OBSERVE AS FOTOS E LEIA AS LEGENDAS COM O PROFESSOR. CIRCULE AS RESPOSTAS DAS ADIVINHAS.

JACA   JABUTI   JABUTICABA

JAVALI   JACARÉ   JAMELÃO

2 MARQUE UM **X** NA INFORMAÇÃO CORRETA.

AS RESPOSTAS DAS ADIVINHAS SÃO NOMES DE:

☐ FRUTAS   ☐ ANIMAIS

3 O QUE É PARECIDO NO NOME DAS FRUTAS E DOS ANIMAIS MOSTRADOS NAS FOTOS?

TODOS OS NOMES COMEÇAM COM _____.

4 COPIE A FRASE QUE SE REPETE NAS TRÊS ADIVINHAS.

_____

ESTUDO DA LÍNGUA

LETRA J

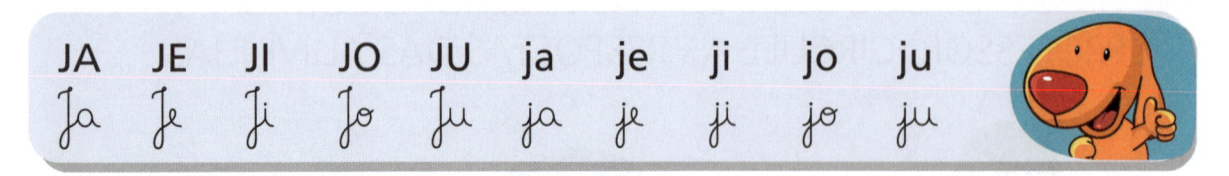

JA JE JI JO JU ja je ji jo ju

1 FORME O NOME DAS FIGURAS COM AS LETRAS MÓVEIS. DEPOIS, ESCREVA AS PALAVRAS FORMADAS E SEPARE AS SÍLABAS DE CADA UMA.

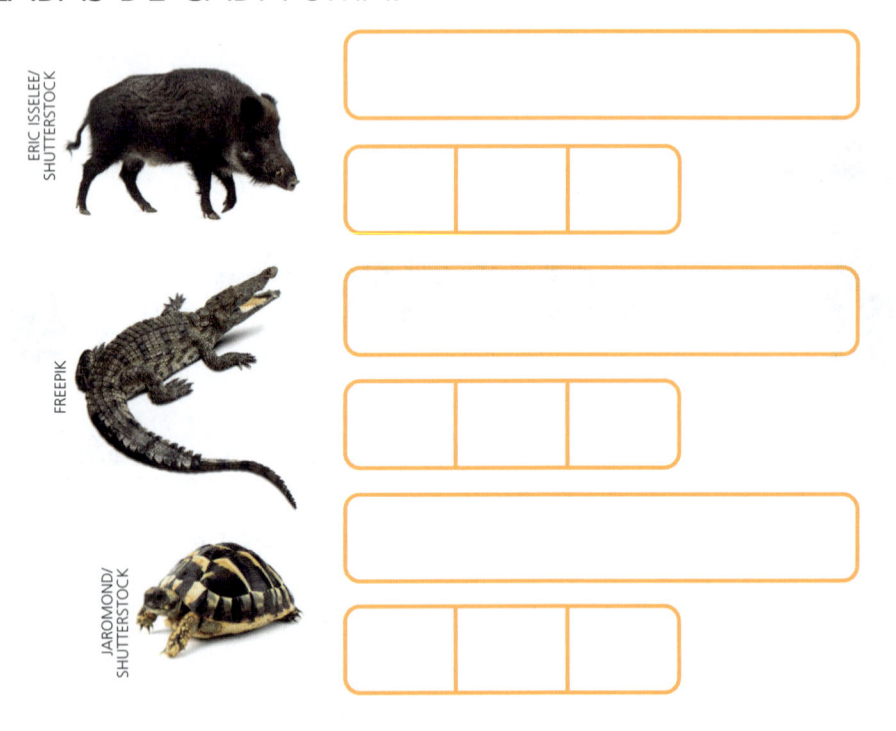

2 ORDENE AS SÍLABAS E FORME PALAVRAS.

A	BOI	JI
JU	A	DA
JO	DA	GA

3 PINTE ONDE ESTÁ ESCRITO O NOME DE CADA FRUTA.

| JACA | JACARÉ | JARARACA |

| CAJÁ | JUCA | CAJU |

4 LEIA AS PALAVRAS.

BERINJELA	BEIJO	JUBA	JUDÔ
JACA	JIA	JACARÉ	JARRA
JOGO	JUJUBA	CAJU	JUCA

5 PREENCHA OS QUADRADINHOS COM O NOME DAS FIGURAS.

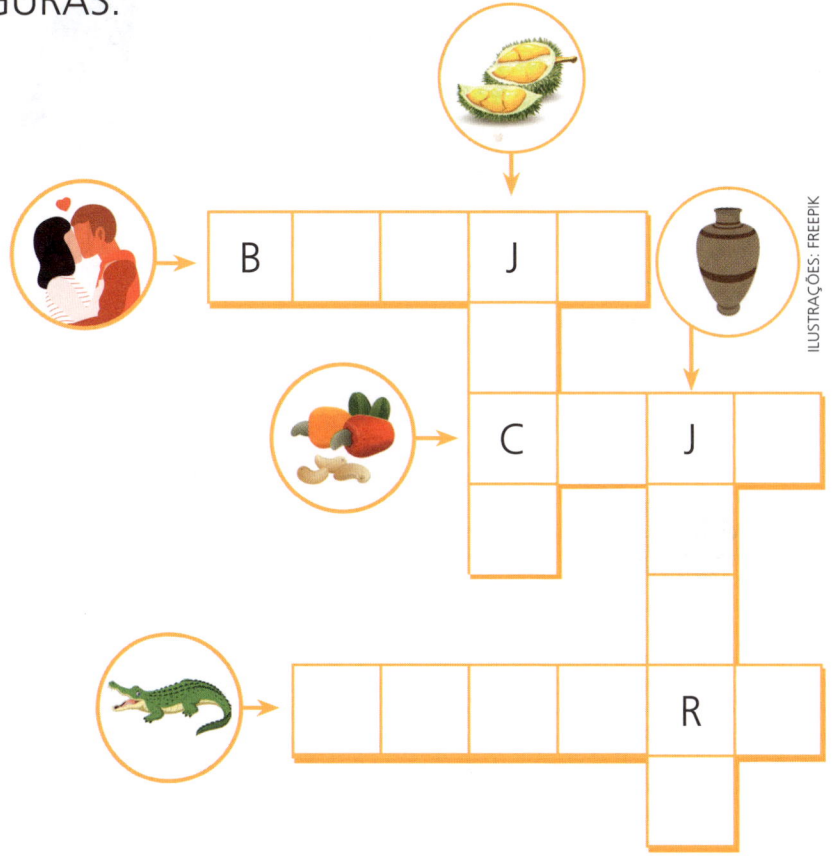

B _ _ J _

C _ J _ _

_ _ _ _ R _

129

6 LEIA AS PALAVRAS E COPIE-AS NA TABELA.

CANJICA	JEGUE	JANETE	JUNHO
JAIME	JOANA	JABUTI	JIBOIA
JULHO	CAJU	CAJÁ	JANEIRO

ALIMENTOS	ANIMAIS	PESSOAS	MESES

7 COMPLETE AS PALAVRAS COM *ja*, *je*, *ji*, *jo*, *ju*. DEPOIS, COPIE-AS.

ca_____    _____ca   bei_____

_____berin_____la    _____boia

8 MARQUE UM **X** NA IMAGEM DOS ALIMENTOS QUE TÊM A SÍLABA (JE) NO NOME.

jenipapo   jerimum   feijão

9 ESCREVA O NOME DAS FIGURAS. CONSULTE O QUADRO ABAIXO.

jiboia   jiló   jipe

_____   _____   _____

10 PINTE A PALAVRA QUE COMPLETA A FRASE. DEPOIS, ESCREVA A FRASE FORMADA.

O [jogo] [joga] terminou empatado.

_____

João pratica judô. Ele é [juiz] [judoca].

_____

UM TEXTO PUXA OUTRO

OBSERVE E LEIA COM OS COLEGAS E O PROFESSOR.

jacaré letrado

jacaré jacaré

SÉRGIO CAPPARELLI. *111 POEMAS PARA CRIANÇAS*. PORTO ALEGRE: L&PM, 2003. P. 116.

1 MARQUE COM UM **X** NO TÍTULO DO TEXTO.

☐ JACARÉ

☐ SÉRGIO CAPPARELLI

☐ JACARÉ LETRADO

2 OBSERVE A FORMA DO TEXTO.

A) QUE FIGURA PODE SER VISTA?

_____

B) O QUE ESTÁ ESCRITO DENTRO DESSA FIGURA?

_____

PRODUÇÃO DE TEXTO

NESTA LIÇÃO, VOCÊ CONHECEU ANIMAIS QUE TÊM A LETRA J NO NOME. SERÁ QUE VOCÊ E SEUS COLEGAS CONSEGUEM SE LEMBRAR DE OUTROS?

PREPARAÇÃO

NESTA SEÇÃO, VOCÊS DEVERÃO FAZER UMA LISTA DE ANIMAIS QUE TENHAM A LETRA **J** NO NOME.

O PROFESSOR VAI ESCREVER OS NOMES QUE VOCÊS DISSEREM.

ESCRITA

ESCOLHA UM ANIMAL E CRIE UM NOVO TEXTO, SEGUINDO O EXEMPLO DO **JACARÉ LETRADO**.

USE O ESPAÇO ABAIXO PARA FAZER UM RASCUNHO. DEPOIS, PASSE A LIMPO EM UMA FOLHA À PARTE.

EXPOSIÇÃO

DEPOIS DE PRONTO, EXPONHA NA SALA DE AULA O RESULTADO DE SEU TRABALHO.

AMPLIANDO O VOCABULÁRIO

CAJÁ
FRUTA MEIO DOCE, MEIO AZEDINHA. SERVE PARA COMER E FAZER DOCES.

CAJÁS.

JABUTICABA
FRUTO ARREDONDADO E PEQUENO, DE CASCA PRETA E POLPA ADOCICADA.

GALHO COM JABUTICABAS.

JAMELÃO
FRUTO DA PLANTA DE MESMO NOME. TAMBÉM É CHAMADO DE JAMBOLÃO, AMEIXA ROXA, AZEITONA PRETA E OUTROS.

JENIPAPO
FRUTO USADO PARA FAZER DOCE E BEBIDAS. NASCE DO JENIPAPEIRO.

JENIPAPOS.

JERIMUM
NOME DADO À ABÓBORA EM ALGUNS ESTADOS DO BRASIL.

LEIA MAIS

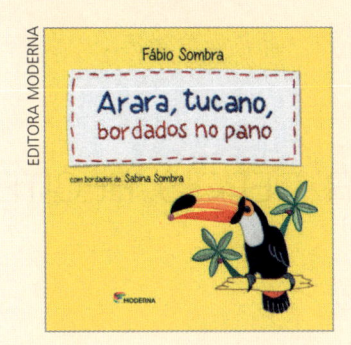

ARARA, TUCANO, BORDADOS NO PANO

FÁBIO SOMBRA. SÃO PAULO: MODERNA, 2013.

NESSE LIVRO HÁ 16 ADIVINHAS SOBRE AVES BRASILEIRAS ESCRITAS EM FORMA DE VERSOS DIVERTIDOS E RIMADOS.

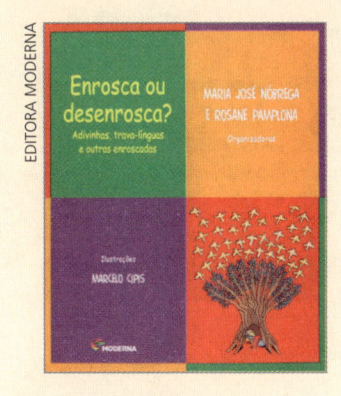

ENROSCA OU DESENROSCA? ADIVINHAS, TRAVA-LÍNGUAS E OUTRAS ENROSCADAS

MARIA JOSÉ NÓBREGA E ROSANE PAMPLONA. SÃO PAULO: MODERNA, 2005.

NESSE LIVRO HÁ MUITAS ADIVINHAS QUE DESAFIAM OS LEITORES A ENCONTRAR OS SENTIDOS QUE ESTÃO ESCONDIDOS POR TRÁS DAS PALAVRAS.

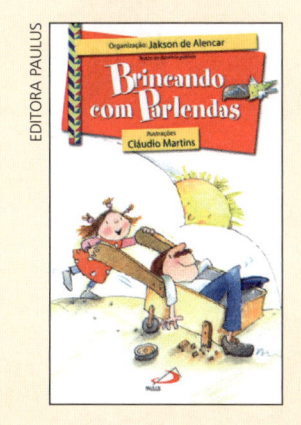

BRINCANDO COM ADIVINHAS

JAKSON DE ALENCAR. SÃO PAULO: PAULUS, 2010.

NESSE LIVRO HÁ ADIVINHAS DIVERTIDAS E CONHECIDAS DA CULTURA POPULAR.

LIÇÃO 11

TÁ PRONTO, SEU LOBO?

VAMOS COMEÇAR!

ACOMPANHE A LEITURA DO PROFESSOR. DEPOIS, RECITE A PARLENDA COM OS COLEGAS.

TÁ PRONTO, SEU LOBO?

VAMOS PASSEAR NA FLORESTA
ENQUANTO SEU LOBO NÃO VEM.
SEU LOBO É MANSINHO
NÃO FAZ NADA PRA NINGUÉM.

– TÁ PRONTO, SEU LOBO?
– NÃO, ESTOU TOMANDO BANHO.

VAMOS PASSEAR NA FLORESTA
ENQUANTO SEU LOBO NÃO VEM.
SEU LOBO É MANSINHO
NÃO FAZ NADA PRA NINGUÉM.

– TÁ PRONTO, SEU LOBO?
– NÃO, ESTOU FECHANDO O CHUVEIRO.

DOMÍNIO PÚBLICO.

ESTUDO DO TEXTO

1 CIRCULE O VERSO ABAIXO QUE FAZ UMA PERGUNTA AO LOBO.

SEU LOBO É MANSINHO

– TÁ PRONTO, SEU LOBO?

2 CIRCULE O VERSO ABAIXO QUE É UMA RESPOSTA DO LOBO.

– NÃO, ESTOU TOMANDO BANHO.

VAMOS PASSEAR NA FLORESTA

3 RELEIA ESTA PARTE DA PARLENDA.

> VAMOS PASSEAR NA FLORESTA
> ENQUANTO SEU LOBO NÃO VEM.
> SEU LOBO É MANSINHO
> NÃO FAZ NADA PRA NINGUÉM.

A) CIRCULE AS PALAVRAS QUE TERMINAM COM O MESMO SOM.

B) QUE PALAVRA COMEÇA COM A LETRA **L**?

_____

C) O QUE SIGNIFICA A PALAVRA **MANSINHO**?

☐ O LOBO NÃO É BRAVO.

☐ O LOBO NÃO É BONZINHO.

ESTUDO DA LÍNGUA

LETRA L

| LA | LE | LI | LO | LU | la | le | li | lo | lu |
| La | Le | Li | Lo | Lu | la | le | li | lo | lu |

1 FORME O NOME DO ANIMAL COM AS LETRAS MÓVEIS.

A) COPIE A PALAVRA QUE VOCÊ FORMOU. ESCREVA CADA SÍLABA EM UM QUADRINHO.

B) MUDE A POSIÇÃO DAS SÍLABAS, FORME UMA PALAVRA NOVA E ESCREVA.

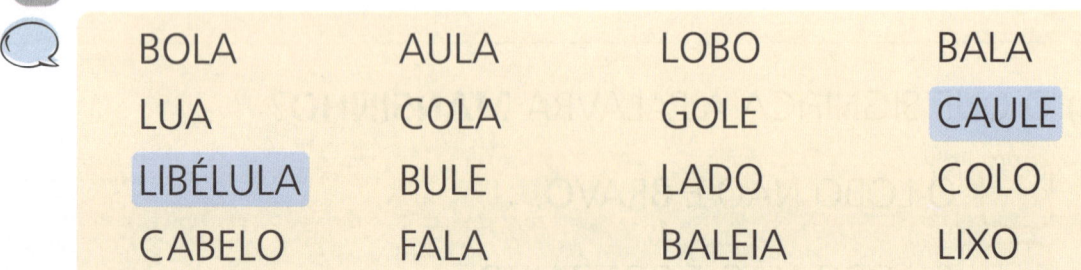

---

2 LEIA AS PALAVRAS.

BOLA	AULA	LOBO	BALA
LUA	COLA	GOLE	CAULE
LIBÉLULA	BULE	LADO	COLO
CABELO	FALA	BALEIA	LIXO

3 COMPLETE A CRUZADINHA.

A) COMPLETE O QUADRO COM AS PALAVRAS DA CRUZADINHA.

ANIMAIS	OBJETOS

B) NO QUADRO, PINTE AS SÍLABAS QUE COMEÇAM COM A LETRA **L**.

139

4 COMPLETE A TABELA COM O NOME DE CADA FIGURA.

NÚMERO	NOMES
1	
2	
3	
4	
5	

5 USANDO AS SÍLABAS QUE ESTÃO NOS QUADRINHOS, FORME PALAVRAS E ESCREVA-AS NAS LINHAS ABAIXO. TODAS AS PALAVRAS QUE VOCÊ FORMAR DEVEM TER ALGUMA DAS SÍLABAS LA, LE, LI, LO, LU.

la	le	li	lo	lu
ta	go	co	ca	mo
ba	bo	fi	ma	ga

6 OBSERVE AS FIGURAS E COMPLETE AS PALAVRAS COM *la, le, li, lo, lu*.

te____ fone

____monada

ba____

____vro

____bo

____a

7 COMPLETE O NOME DOS ANIMAIS COM AS LETRAS QUE FALTAM.

☐ ☐ Ã O

G A ☐ ☐

☐ ☐ B O

L ☐ L ☐

al el il ol ul

A LETRA L PODE APARECER NO INÍCIO OU NO FINAL DA SÍLABA. A LETRA L NO FINAL DA SÍLABA TEM SOM DE U.

8 ESCREVA O NOME DAS FIGURAS.

_____   _____   _____   _____

9 LEIA AS PALAVRAS E ESCREVA-AS NAS COLUNAS CORRESPONDENTES.

CORONEL	PULGA	CARNAVAL	BARRIL	ANIL
AZUL	BOLSO	FUNIL	PULSEIRA	MEL
ANIMAL	SOLDADO	JORNAL	CARACOL	PASTEL

AL	EL	IL	OL	UL

- SEPARE E ESCREVA O NÚMERO DE SÍLABAS.

ALGODÃO _____

TÚNEL _____

ALFINETE _____

BARRIL _____

PULSEIRA _____

A LETRA L TAMBÉM PODE SER ESCRITA COM OUTRAS LETRAS, FORMANDO ENCONTROS DE CONSOANTES: **BL, CL, FL, GL, PL, TL**.

10 LEIA AS PALAVRAS.

BLOCO	BICICLETA	FLECHA	GLÓRIA
BLUSA	CLIMA	FLOR	PLÍNIO
PROBLEMA	CLASSE	GLÓRIA	PLACA
BIBLIOTECA	FLÁVIA	GLÁUCIA	APLAUSO
CLUBE	FLAUTA	GLOBO	PLANTA
CLORO	FLANELA	GLICERINA	PÚBLICO

11 OBSERVE AS FIGURAS E COMPLETE AS PALAVRAS COM *bl*, *cl*, *fl*, *gl*, *pl*, *tl*.

__obo    motoci__eta    __auta

a__eta    __usa    __aca

EU GOSTO DE APRENDER MAIS

VOCÊ SABIA QUE HÁ ALGUMAS PARLENDAS DE BRINCAR E DE ESCOLHER QUEM COMEÇA UMA BRINCADEIRA?

UNI, DUNI, TÊ
SALAMÊ, MINGUÊ.
UM SORVETE COLORÊ
O ESCOLHIDO FOI VOCÊ.

DOMÍNIO PÚBLICO.

HÁ TAMBÉM PARLENDAS QUE SÃO RECITADAS PELOS ADULTOS PARA DIVERTIR AS CRIANÇAS PEQUENAS, COMO:

SERRA, SERRA,
SERRADOR,
QUANTAS TÁBUAS
JÁ SERROU.

DOMÍNIO PÚBLICO.

1. AS PESSOAS MAIS VELHAS DE SUA FAMÍLIA OU DE SEU CONVÍVIO JÁ RECITARAM ALGUMA PARLENDA PARA VOCÊ? SERÁ QUE ESSAS PESSOAS RECITAVAM ESSAS PARLENDAS PARA ACOMPANHAR SUAS BRINCADEIRAS QUANDO ERAM CRIANÇAS? QUE TAL FALAR COM UMA DELAS PARA APRENDER UMA NOVA PARLENDA?

2. ESCREVA NO CADERNO A PARLENDA QUE VOCÊ APRENDEU. DEPOIS, ENSINE-A PARA OS COLEGAS.

PRODUÇÃO DE TEXTO

PREPARAÇÃO

COM A AJUDA DE SEUS FAMILIARES, PESQUISE UMA PARLENDA E ESCREVA NAS LINHAS ABAIXO.

_____
_____
_____
_____

REVISÃO

COM O PROFESSOR, OBSERVE:
- AS PALAVRAS FORAM ESCRITAS CORRETAMENTE?
- HÁ ESPAÇO ENTRE UMA PALAVRA E OUTRA?

REESCRITA

PASSE SEU TEXTO A LIMPO E ILUSTRE-O.

APRESENTAÇÃO

RECITE EM SALA DE AULA A PARLENDA QUE VOCÊ ESCREVEU.

AMPLIANDO O VOCABULÁRIO

ANIL
COR AZUL BEM FORTE.

BARRIL
TIPO DE RECIPIENTE DE MADEIRA, FECHADO DOS DOIS LADOS, USADO PARA GUARDAR OU CARREGAR LÍQUIDOS E OUTROS PRODUTOS.

CAULE
TRONCO DAS ÁRVORES.

FUNIL
UTENSÍLIO EM FORMA DE CONE USADO PARA PASSAR LÍQUIDO DE UM RECIPIENTE PARA OUTRO.

LIBÉLULA
INSETO COM QUATRO ASAS E QUE CRESCE PERTO DAS ÁGUAS.

LIBÉLULA.

LEIA MAIS

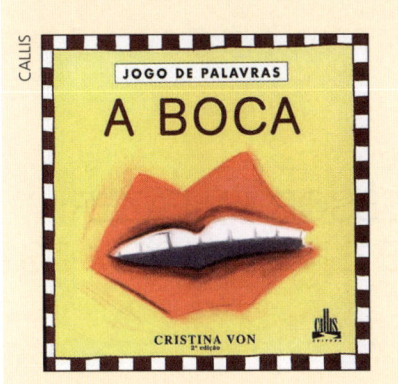

JOGO DE PALAVRAS: A BOCA

CRISTINA VON. SÃO PAULO: CALLIS, 2009.

NESSE LIVRO HÁ MUITAS PARLENDAS QUE FAZEM PARTE DO NOSSO FOLCLORE.

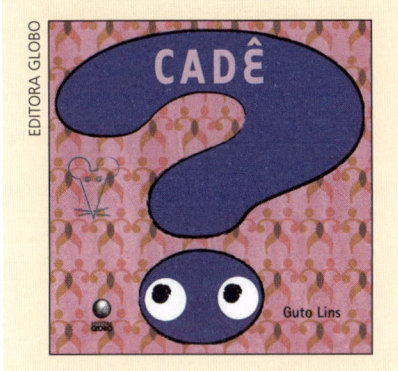

CADÊ?

GUTO LINS. SÃO PAULO: GLOBO, 2008.

O AUTOR DO LIVRO CRIOU UMA HISTÓRIA COM VÁRIOS ANIMAIS. PARA ISSO ELE SE BASEOU EM UMA PARLENDA MUITO CONHECIDA.

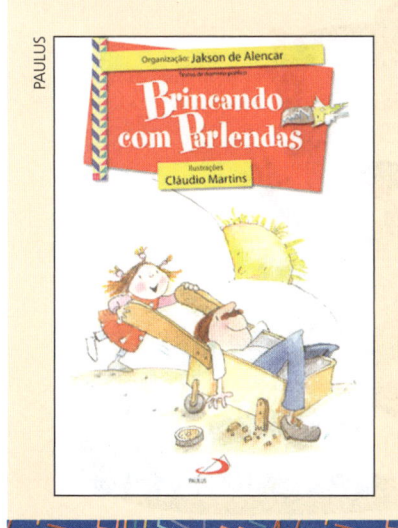

BRINCANDO COM PARLENDAS

CLÁUDIO MARTINS. SÃO PAULO: PAULUS, 2010.

NESSE LIVRO HÁ MUITAS PARLENDAS PARA VOCÊ BRINCAR COM OS SONS DAS PALAVRAS.

LIÇÃO 12

O MACACO FOI À FEIRA

VAMOS COMEÇAR!

ACOMPANHE A LEITURA QUE O PROFESSOR VAI FAZER. DEPOIS, LEIA EM VOZ ALTA, MEMORIZE E RECITE COM OS COLEGAS.

O MACACO FOI À FEIRA

O MACACO FOI À FEIRA,
NÃO TINHA O QUE COMPRAR
COMPROU UMA CADEIRA
PRA COMADRE SE SENTAR
A COMADRE SE SENTOU
A CADEIRA ESBORRACHOU
COITADA DA COMADRE
FOI PARAR NO CORREDOR.

DOMÍNIO PÚBLICO.

ESTUDO DO TEXTO

1 COPIE O TÍTULO DA PARLENDA.

_____

2 RESPONDA COM VERSOS DA PARLENDA.

A) O QUE O MACACO COMPROU NA FEIRA?

_____

B) QUEM SENTOU NA CADEIRA?

_____

C) O QUE ACONTECEU COM A CADEIRA?

_____

D) O QUE ACONTECEU COM A COMADRE?

_____

3 COPIE DA PARLENDA O NOME DAS FIGURAS.

_____   _____

A) O QUE ESSAS PALAVRAS TÊM DE PARECIDO?

_____

B) QUE RIMAS HÁ NA PARLENDA?

_____

ESTUDO DA LÍNGUA

LETRA M

MA ME MI MO MU ma me mi mo mu
Ma Me Mi Mo Mu ma me mi mo mu

1 FORME O NOME DO ANIMAL COM AS LETRAS MÓVEIS.

A) COPIE A PALAVRA QUE VOCÊ FORMOU.

B) AGORA ESCREVA CADA SÍLABA EM UM QUADRINHO.

C) OBSERVE AS CORES DOS QUADRINHOS ACIMA E FORME OUTRAS PALAVRAS.

2 VEJA O QUE ESTÁ ESCRITO NA LISTA QUE O MACACO SEGURA.

MELÃO
MAMÃO
MELANCIA
MEXERICA
MARACUJÁ
MAÇÃ

- ORGANIZE AS PALAVRAS DA LISTA EM DOIS GRUPOS, DE ACORDO COM A SÍLABA INICIAL.

MA

ME

3 LEIA AS PALAVRAS.

AMIGO	DAMA	MOLA	MIMADO
MULA	MADAME	CAMA	MURO
MELADO	MENINO	EMA	MOEDA

4 CIRCULE O NOME DE CADA FIGURA.

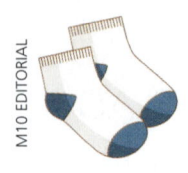

MULA	MEIO	MOLA
MOLE	MEIA	MODA
MALA	MIA	BOLA

5 ESCREVA A PRIMEIRA SÍLABA DO NOME DE CADA FIGURA.

6 COMPLETE AS PALAVRAS COM A PRIMEIRA LETRA DO NOME DAS FIGURAS.

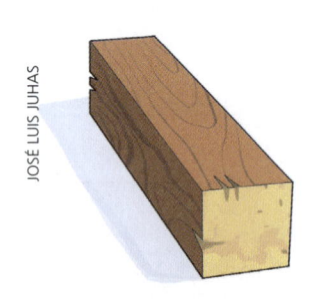

_adeira   _adeira   _adeira

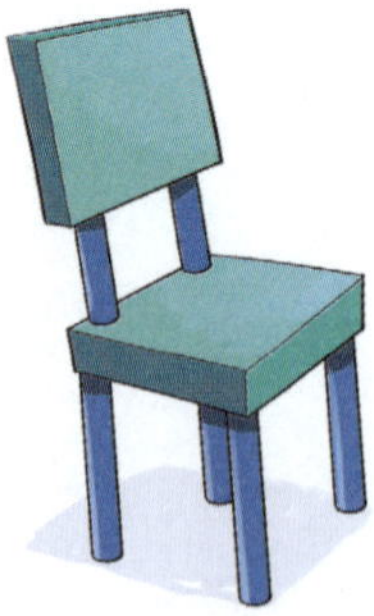

- AGORA, CIRCULE O QUE O MACACO COMPROU NA FEIRA, DE ACORDO COM A PARLENDA.

7 COMPLETE AS PALAVRAS COM *ma, me, mi, mo, mu*.

_____ mino

_____ nhoca

re _____

_____ ro

_____ edas

_____ caco

8 FAÇA TRAÇOS PARA SEPARAR UMA PALAVRA DA OUTRA. DEPOIS, COPIE AS FRASES, SEPARANDO AS PALAVRAS CORRETAMENTE.

A) OMACACOFOIÀFEIRA.

_____

B) ACOMADRESESENTOU.

_____

am em im om um

A LETRA **M** PODE APARECER NO INÍCIO OU NO FINAL DA SÍLABA. USAMOS SEMPRE A LETRA **M** ANTES DE **P** E **B**.

1 LEIA AS PALAVRAS.

CAPIM	POMBO	BOMBOM	EMPADA
TAMPA	LIMPO	JARDIM	BOMBA
ONTEM	BOMBEIRO	AMPOLA	AMENDOIM
CAMPO	SAMBA	BAMBU	ÁLBUM

2 COMPLETE AS PALAVRAS COM am, em, im, om, um.

t___bor   b___bu   c___po
b___beiro   ___bigo   l___po
ont___   jard___   t___po
p___ba   g___bá   ___bro

3 ESCREVA O NOME DAS FIGURAS DE ACORDO COM A NUMERAÇÃO.

7 - bombeiro
5 - tambor
3 - homem
8 - pomba
1 - bombom
4 - nuvem
6 - empada
2 - amendoim

1 _____
2 _____
3 _____
4 _____
5 _____
6 _____
7 _____
8 _____

4 FORME UMA FRASE COM O NOME DO ANIMAL.

_____

_____

5 ORDENE AS PALAVRAS E FORME FRASES.

A) TEM DO OLÍMPIO RELÂMPAGO MEDO .

_____

B) ANTÔNIO DE O FOI CAMPEÃO TIME .

_____

C) PUDIM DE O UMA ESTÁ LARANJA DELÍCIA .

_____

6 FORME PALAVRAS TROCANDO **M** FINAL POR **NS**.

BATO**M** _____

BOMBO**M** _____

PUDI**M** _____

HOME**M** _____

NUVE**M** _____

AMENDOI**M** _____

ÁLBU**M** _____

155

UM TEXTO PUXA OUTRO

ACOMPANHE A LEITURA DO POEMA E FAÇA UM DESENHO.

OLHA SÓ A MACACADA

LÁ NO MATO
TEM MUITO MACACO
[...]
O MICO-LEÃO
TÁ COMENDO MAMÃO
E O DOURADO
TÁ COMENDO MELADO
O DA CARA-PRETA
TÁ TOCANDO CORNETA
E O GIBÃO
TÁ TOCANDO VIOLÃO
O BABUÍNO
TÁ TOCANDO VIOLINO
O MACACO DE CHEIRO
FOI PARA O PESQUEIRO
COM O MACACO-ARANHA
TÃO PESCANDO PIRANHA

TUDO CONTENTE!
TÃO VIRANDO GENTE!

RUTH ROCHA. *TODA CRIANÇA DO MUNDO MORA NO MEU CORAÇÃO*. SÃO PAULO: ÁTICA, 2007.

1 PINTE COM A MESMA COR AS PALAVRAS DO POEMA QUE TERMINAM COM O MESMO SOM.

PRODUÇÃO DE TEXTO

NESTA ATIVIDADE, VOCÊS VÃO CONSTRUIR UM LIVRO DE PARLENDAS. REÚNA-SE COM OS COLEGAS.

PLANEJAMENTO

RETOMEM AS PARLENDAS QUE VOCÊS ESCREVERAM NA SEÇÃO "PRODUÇÃO DE TEXTO" DA LIÇÃO 11.

DEPOIS, LEIA SUA PARLENDA PARA OS COLEGAS E CONTE A ELES:

- QUEM ENSINOU ESSA PARLENDA A VOCÊ?
- ESSA PARLENDA ACOMPANHA ALGUMA BRINCADEIRA? COMO SE BRINCA?

ESCRITA

AGORA, COM A COLABORAÇÃO DO PROFESSOR, ESCREVAM UM TEXTO COLETIVO DE APRESENTAÇÃO PARA O LIVRO DE PARLENDAS QUE VOCÊS VÃO ORGANIZAR.

REVISÃO

LEIAM JUNTOS O TEXTO QUE VOCÊS ESCREVERAM.
- AS PALAVRAS FORAM ESCRITAS CORRETAMENTE?
- O TEXTO APRESENTA O CONTEÚDO DO LIVRO?
- IDENTIFICA QUEM ESCREVEU AS PARLENDAS?

REESCRITA

EM UMA FOLHA DE PAPEL, PASSE O TEXTO COLETIVO A LIMPO.

APRESENTAÇÃO

COM AJUDA DO PROFESSOR, REÚNAM AS PARLENDAS QUE VOCÊS ESCREVERAM E O TEXTO DE APRESENTAÇÃO, FORMANDO UM LIVRO QUE SERÁ DOADO PARA A BIBLIOTECA.

AMPLIANDO O VOCABULÁRIO

COMADRE
MADRINHA DE UMA PESSOA EM RELAÇÃO AOS PAIS DESTA; MÃE DE UMA PESSOA EM RELAÇÃO À MADRINHA E/OU AO PADRINHO DESTA.

ESBORRACHOU
ACHATOU, ESMAGOU, LEVOU UM TOMBO, CAIU.

O MENINO ESBORRACHOU-SE NO CHÃO.

MEXERICA
FRUTA PARECIDA COM A LARANJA, SÓ QUE UM POUCO ACHATADA E COM UMA CASCA QUE PODEMOS TIRAR COM AS MÃOS.

A MEXERICA TAMBÉM É CHAMADA DE TANGERINA.

LEIA MAIS

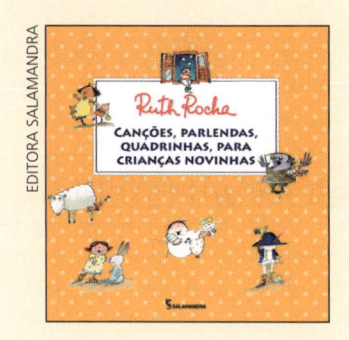

CANÇÕES, PARLENDAS, QUADRINHAS PARA CRIANÇAS NOVINHAS

RUTH ROCHA. SÃO PAULO: SALAMANDRA, 2013.

NESSE LIVRO HÁ MUITOS TEXTOS DA TRADIÇÃO POPULAR PARA VOCÊ LER, OUVIR E REPETIR.

O GRANDE LIVRO DAS PARLENDAS

PAULO NETHO. BARUERI: CIRANDA CULTURAL, 2015.

NESSE LIVRO HÁ MUITAS PARLENDAS PARA VOCÊ SE DIVERTIR E SOLTAR A IMAGINAÇÃO, CRIANDO OUTRAS COM AS PRÓPRIAS RIMAS.

O JOGO DA PARLENDA

HELOISA PRIETO. SÃO PAULO: COMPANHIA DAS LETRINHAS, 2005.

NESSE LIVRO, A AUTORA REÚNE AS MAIS DIVERTIDAS E CONHECIDAS PARLENDAS E CRIA OUTROS VERSOS PARA ACRESCENTAR À BRINCADEIRA.

LIÇÃO 13

DE NOEMI PARA LUANA

VAMOS COMEÇAR!

ACOMPANHE A LEITURA QUE O PROFESSOR VAI FAZER.

> 13/07
>
> Luana,
>
> O livro "O Navio" que você quer emprestado já está disponível. Pode retirá-lo na biblioteca quando quiser.
>
> Até mais!
>
> Noemi

O TEXTO ACIMA É UM **BILHETE**. ELE TEM A FUNÇÃO DE TRANSMITIR UM RECADO, UMA MENSAGEM CURTA.

ESTUDO DO TEXTO

1 QUEM ESCREVEU O BILHETE?

_____

2 PARA QUEM O BILHETE FOI ESCRITO?

_____

3 PINTE A INFORMAÇÃO CORRETA.
NO TEXTO DA PÁGINA 160, QUEM ESCREVEU O BILHETE E QUEM VAI RECEBÊ-LO SÃO PESSOAS:

- QUE SE CONHECEM.
- QUE NÃO SE CONHECEM.

4 MARQUE UM **X** NA RESPOSTA.
O BILHETE QUE VOCÊ LEU NA PÁGINA ANTERIOR FOI ESCRITO PARA:

- ☐ DAR UM RECADO.
- ☐ MARCAR UM ENCONTRO.

5 LIGUE AS INFORMAÇÕES ÀS PARTES DO BILHETE.

13/07
Luana,
O livro "O Navio" que você quer emprestado já está disponível. Pode retirá-lo na biblioteca quando quiser.
Até mais!
Noemi

- MENSAGEM
- ASSINATURA
- DESPEDIDA
- DATA

ESTUDO DA LÍNGUA

LETRA N

| NA | NE | NI | NO | NU | na | ne | ni | no | nu |
| Na | Ne | Ni | No | Nu | na | ne | ni | no | nu |

1 VEJA O LIVRO QUE LUANA PEGOU EMPRESTADO NA BIBLIOTECA.

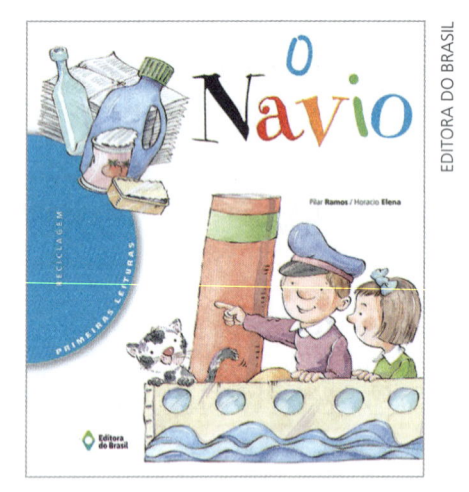

A) LOCALIZE O TÍTULO DO LIVRO.

B) COM AS LETRAS MÓVEIS, FORME O TÍTULO DO LIVRO.

C) ESCREVA O TÍTULO QUE VOCÊ FORMOU.

D) FORME OUTRAS PALAVRAS COM AS LETRAS DE **NAVIO**. NÃO É NECESSÁRIO USAR TODAS AS LETRAS.

2 LEIA A PALAVRA E PINTE A PRIMEIRA LETRA.

NAVIO

- CIRCULE AS PALAVRAS QUE INICIAM COM A MESMA LETRA DA PALAVRA **NAVIO**.

MALA	NETO	NUVEM
NOME	MELADO	MILHO

3 ORDENE AS SÍLABAS E ESCREVA PALAVRAS.

NI	NA	ME

ME	NO	NI

_____   _____

4 LEIA A LISTA DE PALAVRAS.

NABO	CONE	NUCA
NAOMI	ALUNO	NENÊ
NONO	ANÃO	NICOLAU

- CIRCULE NA LISTA OS NOMES DE PESSOAS.

5 ESCREVA OUTROS NOMES DE PESSOAS QUE COMEÇAM COM A LETRA **N**.

_____

_____

6 NUMERE CADA DESENHO DE ACORDO COM A PALAVRA.

1 banana
3 cana
2 limonada
4 boneca

7 OBSERVE AS FIGURAS E COMPLETE AS PALAVRAS COM na, ne, ni, no, nu.

me___no

___velo

bo___ca

ca___do

ba___na

8 COMPLETE AS FRASES COM O NOME DAS FIGURAS.

A) COMI UMA _____ NO RECREIO.

B) TOMEI UMA _____ BEM GELADA.

C) MAMÃE FEZ SALADA COM _____.

9 CIRCULE O NOME DE CADA FIGURA.

boneca   cano   caneca
boné   canoa   canela
caneca   cana   caneta

COMPLETE OS ESPAÇOS COM AS PALAVRAS QUE VOCÊ CIRCULOU.

Nós cantamos "A _____ virou".

A tinta da _____ é azul.

Maria tem uma _____ de pano.

an en in on un

A LETRA **N** PODE APARECER NO INÍCIO OU NO FINAL DA SÍLABA. USAMOS SEMPRE A LETRA **M** ANTES DE **P** E **B**. A LETRA **N** É USADA ANTES DE TODAS AS DEMAIS CONSOANTES.

1 LEIA AS PALAVRAS.

ONDA	ANTIGO	BALANÇA	PONTO
LINDO	DOMINGO	PENTE	MONTE
CANTO	ANJO	PINTURA	BANDEIRA
VENTO	ELEFANTE	MONTANHA	MUNDO

2 COMPLETE AS PALAVRAS COM *an*, *en*, *in*, *on*, *un*.

p___te   p___to   l___da

V___da   ___de   C___tia

___ze   B___to   ___jo

Am___da   ___dereço   f___do

3 LEIA E SEPARE AS SÍLABAS DAS PALAVRAS.

ANGU _____   PENTE _____

TINTA _____   ENDEREÇO _____

ONÇA _____   ONZE _____

FAZENDA _____ CONTENTE _____

A) QUAL DESSAS PALAVRAS TEM MAIS SÍLABAS? _____

B) QUANTAS SÍLABAS? _____

C) ESCREVA OUTRA PALAVRA COM O MESMO NÚMERO DE SÍLABAS.

_____

4 PREENCHA A CRUZADINHA.

R I N O C E R O N T E

A) QUANTAS SÍLABAS TEM A PALAVRA ESCRITA NA HORIZONTAL? _____

B) QUANTAS LETRAS TEM ESSA PALAVRA? _____

C) ESCREVA ESSA PALAVRA: _____

UM TEXTO PUXA OUTRO

VEJA COMO A ARTISTA TARSILA DO AMARAL DESENHOU NAVIOS NA PINTURA O PORTO.

ACERVO BANCO CENTRAL DO BRASIL

O PORTO (1953), DE TARSILA DO AMARAL.
ÓLEO SOBRE TELA, 70 CM × 100 CM.

1 COMPLETE COM INFORMAÇÕES SOBRE A PINTURA.

A) NOME DA ARTISTA:

_____

B) TÍTULO DA OBRA:

_____

C) ANO EM QUE A PINTURA FOI FEITA: _____

2 MARQUE UM **X** NA RESPOSTA CORRETA.

OS ELEMENTOS QUE MAIS SE DESTACAM NA PINTURA SÃO:

☐ AS MORADIAS.

☐ AS EMBARCAÇÕES.

☐ OS COQUEIROS.

3 E VOCÊ? SABE DESENHAR UM NAVIO? VEJA COMO SE FAZ.

ILUSTRAÇÕES: M10 EDITORIAL

- AGORA É SUA VEZ! DESENHE SEU NAVIO E PINTE-O COMO QUISER.

PRODUÇÃO DE TEXTO

AGORA É SUA VEZ DE ESCREVER UM BILHETE.

PREPARAÇÃO

ESCOLHA UM COLEGA DA TURMA E PENSE EM ALGO QUE VOCÊ GOSTARIA DE DIZER A ELE: LEMBRÁ-LO DE ALGUMA COISA, FAZER UM CONVITE ETC.

ESCRITA

ESCREVA UM BILHETE PARA O COLEGA ESCOLHIDO. LEMBRE-SE DE USAR AS PARTES IMPORTANTES DO TEXTO:
- NOME DE QUEM VAI RECEBER O BILHETE;
- MENSAGEM;
- DESPEDIDA;
- NOME DE QUEM ESCREVEU O BILHETE;
- DATA.

REVISÃO E REESCRITA

VERIFIQUE SE VOCÊ ESCREVEU CORRETAMENTE AS PALAVRAS E SE USOU AS CINCO PARTES IMPORTANTES.

FINALIZAÇÃO

ENTREGUE SEU BILHETE AO DESTINATÁRIO.

LEIA MAIS

A MENINA QUE BORDAVA BILHETES

LENICE GOMES. SÃO PAULO: CORTEZ, 2008.

NUM PARQUE DE DIVERSÕES, MARGARIDA, UMA MENINA BORDADEIRA, OFERECE ÀS PESSOAS BILHETES BORDADOS.

AMPLIANDO O VOCABULÁRIO

ANÃO
AQUELE OU AQUILO QUE TEM ALTURA E TAMANHO MENORES QUE O NORMAL.

BIBLIOTECA
LUGAR ONDE SE GUARDAM LIVROS E DOCUMENTOS PARA SEREM CONSULTADOS OU LIDOS NO LOCAL, OU EMPRESTADOS PARA SEREM LEVADOS PARA CASA.

BIBLIOTECA.

CONE
SÓLIDO COM BASE CIRCULAR E CORPO AFUNILADO QUE TERMINA NUMA PONTA CHAMADA VÉRTICE.

CONE.

MELADO
CALDA GROSSA DO AÇÚCAR, DA QUAL QUE SE FAZ RAPADURA.

MELADO.

PORTO
LUGAR CONSTRUÍDO À BEIRA DO MAR, DE UM RIO OU DE UMA BAÍA PARA OS NAVIOS ENCOSTAREM E PODEREM EMBARCAR E DESEMBARCAR PESSOAS E MERCADORIAS.

LIÇÃO 14 — DE PAULA PARA OS PAIS

VAMOS COMEÇAR!

O PROFESSOR VAI LER UM BILHETE.

SEGUNDA-FEIRA — **22 OUTUBRO**

PAIS, FAMILIARES OU RESPONSÁVEIS,

NA PRÓXIMA SEXTA-FEIRA, VAMOS ASSISTIR AO FILME "O PEQUENO PRÍNCIPE" COM OUTRAS TURMAS DO 1º ANO NA SALA DE CINEMA.

OS ALUNOS PODERÃO TRAZER SUCO E PIPOCA.

ATENCIOSAMENTE,

PROFESSORA PAULA.

ESTUDO DO TEXTO

1 QUEM ESCREVEU O BILHETE?

_____

2 PARA QUEM O BILHETE FOI ESCRITO? MARQUE UM **X**.

☐ PARA OS ALUNOS.

☐ PARA OS PAIS, FAMILIARES OU RESPONSÁVEIS.

3 RESPONDA.

A) PARA QUE O BILHETE FOI ESCRITO?

☐ PARA FAZER UM COMUNICADO.

☐ PARA CONTAR UMA HISTÓRIA.

☐ PARA COMENTAR UM FILME.

B) EM QUE DIA DA SEMANA OS ALUNOS DO 1º ANO VÃO ASSISTIR AO FILME?

_____

C) O QUE OS ALUNOS PODERÃO LEVAR PARA A SALA DE CINEMA NESSE DIA?

_____

D) COMO O BILHETE CHEGOU AO DESTINATÁRIO?

☐ PELA AGENDA ESCOLAR.

☐ PELO MURAL DA SALA DE AULA.

ESTUDO DA LÍNGUA

LETRA P

| PA | PE | PI | PO | PU | pa | pe | pi | po | pu |
| Pa | Pe | Pi | Po | Pu | pa | pe | pi | po | pu |

1 COM AS LETRAS MÓVEIS, FORME O NOME DO ALIMENTO QUE APARECE NA IMAGEM.

- ESCREVA A PALAVRA QUE VOCÊ FORMOU SEPARANDO AS LETRAS E, DEPOIS, AS SÍLABAS.

2 COMPLETE AS PALAVRAS COM AS SÍLABAS DA PALAVRA **PIPOCA**.

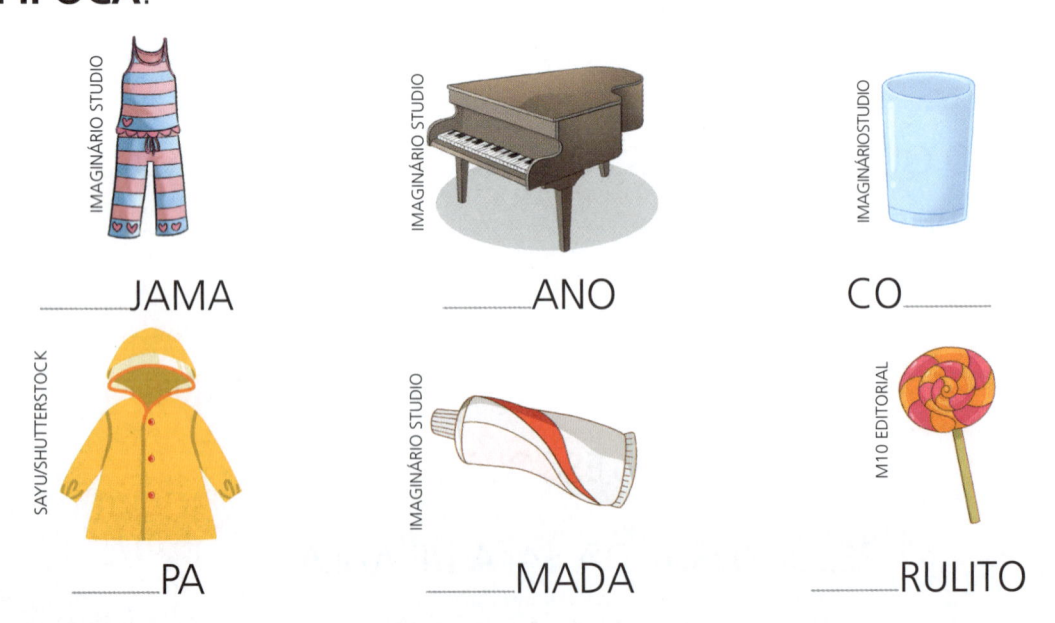

____JAMA   ____ANO   CO____

____PA   ____MADA   ____RULITO

3 LEIA AS PALAVRAS.

PAPAI	COPO	PANELA	PICADA
PIPA	PIANO	CAPELA	CIPÓ
PIPOCA	POMAR	MAPA	PIADA
PENA	PAGO	PANO	PINO
POMADA	PIA	PELUDO	PULO

4 NUMERE CADA PALAVRA DE ACORDO COM O DESENHO.

☐ PUFE   ☐ CAPA   ☐ PANELA

☐ PUDIM   ☐ PIPA   ☐ PAPAGAIO

☐ MAPA   ☐ PENA   ☐ PIPOCA

175

5 CIRCULE ONDE ESTÁ ESCRITO O NOME DE CADA BRINQUEDO.

PETECA	PIPA	PIA
PETECA	PIADA	PIPA
MELECA	PIÃO	PIPOCA

COPIE OS NOMES QUE VOCÊ CIRCULOU.

_____   _____   _____

6 LEIA AS PALAVRAS DO QUADRO. DEPOIS, ESCREVA O NOME DAS FIGURAS.

PANO   PANELA   PUFE   JIPE   COPO   PIA

7 CIRCULE SOMENTE AS PALAVRAS QUE O PROFESSOR VAI LER EM VOZ ALTA.

PAPAI	PICADA	CAPELA
MAPA	PAGO	PINO
POMADA	PELUDO	PULO

8 COMPLETE O BILHETE COM TRÊS PALAVRAS DO QUADRO DA ATIVIDADE 7.

_____,
Compre uma _____ para _____ de inseto.
Beijos, Dani.

9 OBSERVE AS FIGURAS E COMPLETE AS PALAVRAS COM pa, pe, pi, po, pu.

pi____   ____na   ____lo   ____ano

sa____   ____nela   ____mada   ma____

177

UM TEXTO PUXA OUTRO

OBSERVE A CAPA DO LIVRO E ESCUTE O QUE O PROFESSOR VAI LER.

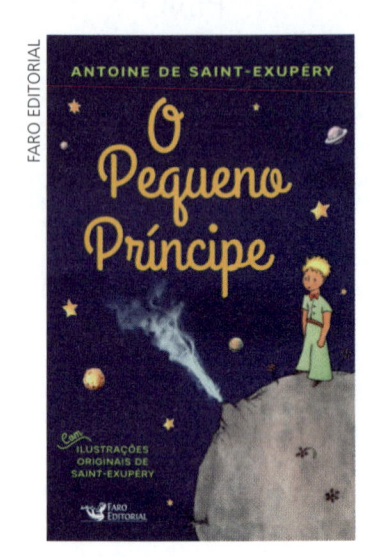

"O ESSENCIAL É INVISÍVEL AOS OLHOS …"
O PEQUENO PRÍNCIPE É UMA DAS OBRAS LITERÁRIAS MAIS LIDAS NO MUNDO [...].

NESTA NOVA EDIÇÃO, VOCÊ TERÁ A CHANCE DE REVISITAR ASTEROIDES, PLANETAS E BAOBÁS, ENCONTRAR UMA CERTA RAPOSA E ADMIRAR UMA ROSA MUITO ESPECIAL.

ESCRITO HÁ MAIS DE 70 ANOS, ESTE LIVRO É UM DOS FAVORITOS DE TODOS OS APAIXONADOS POR LITERATURA. E, ATÉ QUEM NÃO TEM HÁBITO DE LEITURA, SE ENCANTA PELA DOÇURA DO PEQUENO PRÍNCIPE.

ILUSTRADO COM AS AQUARELAS DO AUTOR, A OBRA NARRA A AMIZADE ENTRE UM PILOTO PERDIDO NO DESERTO E SEU AMIGO INESPERADO, O PEQUENO PRÍNCIPE. [...]

FONTE: FARO EDITORIAL. O PEQUENO PRÍNCIPE. DISPONÍVEL EM: HTTPS://FAROEDITORIAL.COM.BR/PRODUTO/O-PEQUENO-PRINCIPE/. ACESSO EM: 30 JUN. 2022.

1 O TEXTO ACIMA FOI ESCRITO PARA:

☐ CONTAR A HISTÓRIA DO LIVRO O PEQUENO PRÍNCIPE.

☐ APRESENTAR UM RESUMO DA HISTÓRIA PARA QUE AS PESSOAS SE INTERESSEM PELA LEITURA DO LIVRO.

2 SE VOCÊ ENCONTRASSE O PEQUENO PRÍNCIPE, O QUE CONTARIA A ELE SOBRE SEU PLANETA? E O QUE VOCÊ PERGUNTARIA A ELE? CONTE AOS COLEGAS.

PRODUÇÃO DE TEXTO

QUE TAL ESCREVER UM BILHETE CONVIDANDO UMA PESSOA DA SUA FAMÍLIA PARA ASSISTIR A UM FILME COM VOCÊ?

PLANEJAMENTO
PARA ESCREVER O BILHETE, PENSE NO SEGUINTE:
- PARA QUEM VOCÊ VAI ESCREVER?
- COMO SERÁ A MENSAGEM?
- QUE DESPEDIDA VOCÊ PODE UTILIZAR?
- O QUE VOCÊ VAI ESCREVER AO FINAL DO BILHETE?

ESCRITA
FAÇA UM RASCUNHO DO BILHETE NO ESPAÇO A SEGUIR.

REVISÃO

REÚNA-SE COM MAIS DOIS OU TRÊS COLEGAS. MOSTRE O SEU BILHETE PARA ELES E VEJA O QUE OS COLEGAS ESCREVERAM.

VERIFIQUEM JUNTOS SE TODOS OS BILHETES:

- COMEÇAM COM O NOME DO DESTINATÁRIO, ISTO É, DA PESSOA QUE VAI RECEBER O BILHETE;
- FAZEM UM CONVITE AO FAMILIAR;
- APRESENTAM UMA DESPEDIDA;
- TERMINAM COM UMA ASSINATURA, ISTO É, O NOME DE QUEM ESCREVEU O BILHETE.

MOSTREM O BILHETE PARA O PROFESSOR. SE NECESSÁRIO, FAÇAM AS CORREÇÕES QUE ELE APONTAR.

VERSÃO FINAL

REGISTRE O SEU TEXTO EM UMA FOLHA DE PAPEL. QUANDO CHEGAR EM CASA, DEIXE O BILHETE EM UM LOCAL ONDE O DESTINATÁRIO POSSA ENCONTRÁ-LO.

RELATO ORAL

DEPOIS, CONTE SUA EXPERIÊNCIA AOS COLEGAS.

- QUEM VOCÊ CONVIDOU?
- VOCÊS ASSISTIRAM AO FILME?
- QUAL É O TÍTULO DO FILME?
- VOCÊ RECOMENDARIA ESSE FILME PARA OS COLEGAS ASSISTIREM TAMBÉM? POR QUÊ?

FREEPIK

LEIA MAIS

O MENINO, O BILHETE E O VENTO

ANA CRISTINA MELO. RIO DE JANEIRO: BAMBOLÊ, 2015.

NESSE LIVRO, UM MENINO PRECISA ENTREGAR UM BILHETE A PEDIDO DA AVÓ. NO ENTANTO, O BILHETE SE SOLTA DA MÃO DO PERSONAGEM E VOA COM O VENTO. O QUE SERÁ QUE VAI ACONTECER?

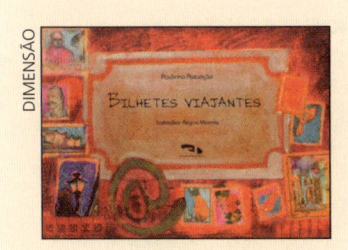

BILHETES VIAJANTES

PAULINHO ASSUNÇÃO. BELO HORIZONTE: DIMENSÃO, 2012.

ESSE LIVRO APRESENTA MENSAGENS DE DIFERENTES PARTES DO MUNDO QUE FORAM LEVADAS PELO VENTO, PELAS CORRENTEZAS DE UM RIO, PELOS CORREIOS, PELA INTERNET OU ESQUECIDAS NA POLTRONA DE UM AVIÃO.

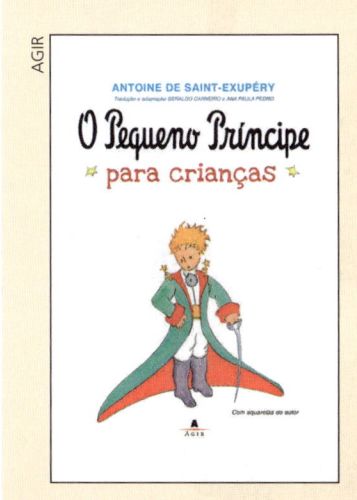

O PEQUENO PRÍNCIPE PARA CRIANÇAS

ANTOINE DE SAINT-EXUPÉRY. RIO DE JANEIRO: AGIR, 2015.

ESTA É UMA EDIÇÃO ESCRITA PARA CRIANÇAS COMO VOCÊ. ELA TEM CAPA DURA, MENOS PÁGINAS, MAS PRESERVA TODOS OS ACONTECIMENTOS DA HISTÓRIA ORIGINAL.

LIÇÃO 15
A QUITUTEIRA DO QUILOMBO

VAMOS COMEÇAR!

NO TEXTO A SEGUIR VOCÊ VAI ENCONTRAR PALAVRAS COMO: QUITUTEIRA, QUILOMBO, QUITANDA, QUITUTE. VOCÊ JÁ OUVIU ESSAS PALAVRAS? SABE O QUE ELAS SIGNIFICAM? ACOMPANHE A LEITURA DO TEXTO E OBSERVE AS CENAS PARA DESCOBRIR.

A QUITUTEIRA DO QUILOMBO

A QUITANDA DE DONA ZICA FICA NO MEIO DO QUILOMBO.

TEM QUITUTE DE TODO TIPO: QUIBEBE, QUINDIM E QUENGA, FEITO DO MAIS PURO QUIABO.

UM QUEREQUERÊ DANADO FAZ O GALO NO TELHADO QUANDO UM FREGUÊS SE APROXIMA.

182

SE TEM MOLEQUE BAGUNCEIRO POR PERTO, A QUITUTEIRA DÁ O RECADO NUM QUIMBUNDO BEM FALADO:

– SAI DAQUI [...] SE NÃO EU MANDO O QUIBUNGO VIR DA MATA TE PEGAR!

DEPOIS ELA DÁ RISADA E CHAMA TODA A MOLECADA PRA FAZER UMA QUIZOMBA.

COMO BOA QUILOMBOLA, DONA ZICA SABE A HORA DE FALAR SÉRIO E DE BRINCAR.

COM SEU JEITO SORRATEIRO, AGRADA O QUILOMBO INTEIRO, POIS TEM O QUENGO NO LUGAR.

SILVIO COSTA. *ABECEDÁRIO AFRO DE POESIA*. SÃO PAULO: PAULUS, 2012.

ESTUDO DO TEXTO

1 ESCREVA O TÍTULO DO TEXTO.

_____

2 ESCREVA O NOME DA PERSONAGEM PRINCIPAL DA HISTÓRIA.

_____

3 COMPLETE AS FRASES COM PALAVRAS DO QUADRO.

| QUILOMBO | QUITUTEIRA | QUITANDA |

DONA ZICA É _____.

DONA ZICA TEM UMA _____.

A QUITANDA DE DONA ZICA FICA NO _____.

4 MARQUE UM **X** NA RESPOSTA CORRETA.

A) QUIBEBE, QUINDIM E QUENGA SÃO:

☐ NOMES DE ALIMENTOS.

☐ NOMES DE PESSOAS.

☐ NOMES DE OBJETOS.

B) QUEREQUERÊ É:

☐ O NOME DO QUILOMBO.

☐ UM QUITUTE.

☐ O CANTO DO GALO.

5 RELEIA ESTA PARTE DO TEXTO COM O PROFESSOR.

> SE TEM MOLEQUE BAGUNCEIRO POR PERTO, A **QUITUTEIRA** DÁ O RECADO NUM **QUIMBUNDO** BEM FALADO:
> – SAI DAQUI [...] SE NÃO EU MANDO O **QUIBUNGO** VIR DA MATA TE PEGAR!

LIGUE AS PALAVRAS DESTACADAS NO TEXTO AOS SEUS SIGNIFICADOS.

QUITUTEIRA	BICHO-PAPÃO
QUIMBUNDO	QUEM FAZ QUITUTE
QUIBUNGO	IDIOMA FALADO EM ANGOLA

6 RELEIA OUTRA PARTE DO TEXTO COM O PROFESSOR.

> DEPOIS ELA DÁ RISADA E CHAMA TODA A **MOLECADA** PRA FAZER UMA QUIZOMBA.

MARQUE UM **X** NA RESPOSTA CORRETA.

A) AS PALAVRAS DO QUADRO ABAIXO TÊM O MESMO SIGNIFICADO DE **MOLECADA**?

| GAROTADA | MENINADA | CRIANÇADA | GURIZADA |

☐ SIM   ☐ NÃO

B) QUIZOMBA É:

☐ UMA COMIDA.   ☐ DANÇA, FESTA, ALEGRIA.

ESTUDO DA LÍNGUA

LETRA Q

Que   Qui   que   qui

1 FORME O NOME DA FIGURA COM AS LETRAS MÓVEIS. ESCREVA A PALAVRA QUE VOCÊ FORMOU, SEPARANDO AS LETRAS E, DEPOIS, AS SÍLABAS.

2 COMPLETE AS PALAVRAS COM que OU qui.

ra___te   peri___to   tan___   es___lo

3 LEIA AS PALAVRAS.

| QUINZE | QUILO | MOLEQUE | QUIABO |
| LEQUE | COQUEIRO | QUIETO | PEQUENO |

A LETRA **Q** TEM O MESMO SOM DA LETRA **C** QUANDO VEM SEGUIDO DE **E** E **I**.

4 LEIA AS PALAVRAS E SEPARE SUAS SÍLABAS.

queda _____   quieto _____

pequeno _____   quintal _____

Qua   Quo   qua   quo
Qua   Quo   qua   quo

1 LEIA AS PALAVRAS.

| QUADRO | QUATI | AQUARELA |
| AQUÁTICO | QUARENTA | AQUOSO |

A SÍLABA **QUA** É FORMADA PELOS SONS **Q, U E A**.
A SÍLABA **QUO** É FORMADA PELOS SONS **Q, U E O**.

2 PASSE UM TRAÇO PARA SEPARAR AS SÍLABAS DAS PALAVRAS.

QUADRICULADO   QUADRICICLO

QUADRÚPEDE   QUATROCENTOS

UM TEXTO PUXA OUTRO

O PROFESSOR VAI LER UM TEXTO QUE CONTA UM POUCO SOBRE A VIDA DAS CRIANÇAS QUE MORAM EM UM QUILOMBO. ACOMPANHE A LEITURA.

MERGULHO PROFUNDO

IMAGINE TER UM RIO COMO QUINTAL! NO QUILOMBO DA LAPINHA, EM MATIAS CARDOSO (MINAS GERAIS), AS CRIANÇAS BRINCAM, NADAM, PESCAM, TOMAM BANHO E LAVAM ROUPA NO RIO SÃO FRANCISCO, MAIS CONHECIDO COMO VELHO CHICO.

SE PERGUNTAR A ALGUM MENINO OU MENINA QUEM O ENSINOU A NADAR, A RESPOSTA VEM MAIS OU MENOS COMO AQUELA MÚSICA DO FOLCLORE QUE DIZ QUE FORAM "OS PEIXINHOS DO MAR".

MENINOS DO QUILOMBO DA LAPINHA (MINAS GERAIS) SAEM PARA PESCAR.

"AQUI, FOI A PIABA QUE ME ENSINOU A NADAR", BRINCA TAINARA BATISTA DA CONCEIÇÃO, 13, QUE ENGOLIU UMA AOS NOVE ANOS DE IDADE.

É TRADIÇÃO POR LÁ AS CRIANÇAS ENGOLIREM O PEIXINHO VIVO, QUE ACABOU DE SER PESCADO NO RIO.

HORA BOA PARA PEGAR PIABINHAS É QUANDO VÃO LAVAR LOUÇA NA BEIRA DO RIO. "DÁ PARA PEGAR COM PENEIRA OU ESCORREDOR", DIZ ADRIANE DE OLIVEIRA PAZ, 13, QUE TODO DIA CRUZA O VELHO CHICO DE CANOA PARA IR À ESCOLA.

FOLHA DE S.PAULO, SÃO PAULO, 12 OUT. 2013. FOLHINHA.

1 ENCONTRE AS INFORMAÇÕES NO INÍCIO DO TEXTO E CIRCULE-AS COM ESTAS CORES:

■ NOME DO QUILOMBO

■ NOME DO RIO

2 RESPONDA COM A AJUDA DO PROFESSOR.

A) O QUE AS CRIANÇAS FAZEM NO RIO?

_____

B) O QUE AS CRIANÇAS RESPONDEM QUANDO ALGUÉM PERGUNTA QUEM LHES ENSINOU A NADAR?

_____

C) QUE MEIO DE TRANSPORTE AS CRIANÇAS DO QUILOMBO UTILIZAM PARA IR À ESCOLA?

_____

PRODUÇÃO DE TEXTO

VOCÊ VAI CONTAR AOS COLEGAS COMO É SEU MODO DE VIDA.

PREPARAÇÃO

FORME UMA RODA COM O PROFESSOR E OS COLEGAS. O PROFESSOR VAI RELEMBRAR COMO VIVEM AS CRIANÇAS DO QUILOMBO DA LAPINHA.

ESCRITA

ESCUTE AS PERGUNTAS QUE O PROFESSOR VAI FAZER.

- SUA MORADIA TEM QUINTAL? ONDE VOCÊ BRINCA?
- VOCÊ SABE NADAR? JÁ SE BANHOU NAS ÁGUAS DE UM RIO OU DO MAR?
- VOCÊ GOSTA DE COMER PEIXE? QUE ALIMENTO É BASTANTE CONSUMIDO NO LUGAR ONDE VOCÊ MORA?
- COMO VOCÊ VEM PARA A ESCOLA?
- O QUE MAIS VOCÊ GOSTARIA DE CONTAR AOS COLEGAS SOBRE SEU MODO DE VIDA?

EM UMA FOLHA DE PAPEL, ESCREVA UM POUCO SOBRE O SEU MODO DE VIDA, RESPONDENDO A UMA DAS PERGUNTAS QUE O PROFESSOR FEZ.

REVISÃO

FAÇA UMA REVISÃO DO TEXTO. VERIFIQUE SE VOCÊ INCLUIU NO RELATO RESPOSTAS ÀS PERGUNTAS FEITAS PELO PROFESSOR. CORRIJA O QUE FOR NECESSÁRIO.

DIVULGAÇÃO

LEIA PARA OS COLEGAS O RELATO QUE VOCÊ ESCREVEU.

AMPLIANDO O VOCABULÁRIO

QUENGA
REFOGADO DE QUIABO COM GALINHA.

QUENGO
CABEÇA.

QUEREQUERÊ
CANTO DO GALO.

QUIABO
PLANTA; FRUTO DO QUIABEIRO.

QUIBEBE
COMIDA FEITA COM ABÓBORA.

QUIBUNGO
BICHO-PAPÃO.

QUILOMBO
COMUNIDADE ONDE VIVEM DESCENDENTES DE AFRICANOS ESCRAVIZADOS, QUE PRESERVAM A CULTURA, A MEMÓRIA E A IDENTIDADE DE SEUS ANTEPASSADOS.

QUILOMBOLA
PESSOA QUE VIVE EM QUILOMBO.

QUIMBUNDO
UM DOS IDIOMAS FALADOS EM ANGOLA, NA ÁFRICA.

QUINDIM
DOCE FEITO DE GEMA DE OVO, COCO E AÇÚCAR.

QUITANDA
VENDA.

QUITUTE
COMIDA GOSTOSA.

QUITUTEIRA
PESSOA QUE SABE PREPARAR QUITUTES.

QUIZOMBA
FESTA, DANÇA, ALEGRIA.

SORRATEIRO
ESPERTO.

LEIA MAIS

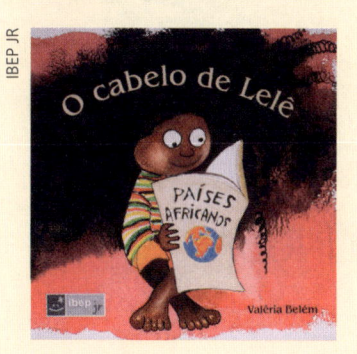

O CABELO DE LELÊ

VALÉRIA BELÉM. SÃO PAULO: IBEP, 2012.

LELÊ ESTÁ CURIOSA SOBRE DE ONDE VEM TANTOS CACHINHOS NO SEU CABELO. NO LIVRO ELA DESCOBRE SUA HISTÓRIA E A BELEZA DA HERANÇA AFRICANA.

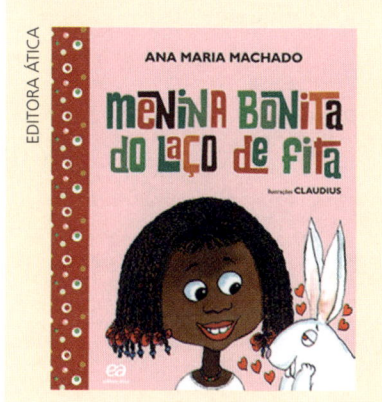

MENINA BONITA DO LAÇO DE FITA

ANA MARIA MACHADO. SÃO PAULO: ÁTICA, 2011.

AS PERSONAGENS DESSE LIVRO SÃO UMA LINDA MENINA DE PELE ESCURA E UM COELHO BRANCO, QUE QUER TER FILHOTES DA COR DA MENINA.

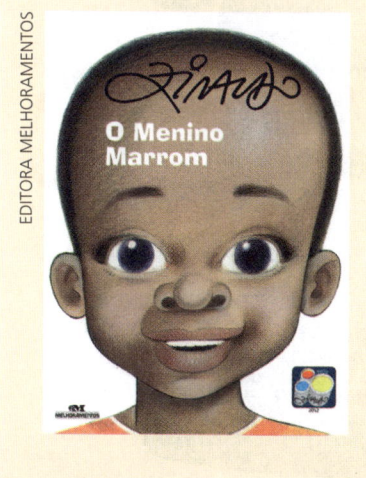

O MENINO MARROM

ZIRALDO. SÃO PAULO: MELHORAMENTOS, 2012.

ESSE LIVRO CONTA A HISTÓRIA DE UM MENINO MARROM E DE UM MENINO COR DE ROSA QUE SÃO GRANDES AMIGOS E QUEREM DESCOBRIR O MISTÉRIO DAS CORES.

LIÇÃO 16

O RATO ROMEU

VAMOS COMEÇAR!

ACOMPANHE A LEITURA DE UM TRAVA-LÍNGUA.

O RATO ROMEU

O RATO ROMEU
ROEU ROEU ROEU
A ROUPA DA RAINHA DO REI DA RÚSSIA
O RATO ROMEU
ROEU ROEU ROEU
O MEU POBRE URSO DE PELÚCIA
O RATO ROMEU
ROEU ROEU ROEU
A ROLHA DA RÃ RANHETA
O RATO ROMEU
ROMPEU ROMPEU ROMPEU
COM A RATAZANA JULIETA.

ALMIR CORREIA. *TRAVA-LÍNGUA, QUEBRA-QUEIXO, REMA-REMA, REMELEXO*. SÃO PAULO: CORTEZ, 2008.

ESTUDO DO TEXTO

1 ESCREVA O NOME:

A) DO RATO: _____

B) DA RATAZANA: _____

2 NO TRAVA-LÍNGUA "O RATO ROMEU", QUE LETRA MAIS SE REPETE NO INÍCIO DAS PALAVRAS?

A LETRA ☐.

3 OBSERVE AS CENAS E RESPONDA DE ACORDO COM O TRAVA-LÍNGUA.

A) DE QUEM ERA A ROUPA QUE O RATO ROEU?

_____

B) QUE BRINQUEDO O RATO ROEU?

_____

C) DE QUEM ERA A ROLHA QUE O RATO ROEU?

_____

4 COM QUEM O RATO ROMPEU? ESCREVA.

_____

5 MARQUE UM **X** NA RESPOSTA CORRETA.

PARA SEREM DIVERTIDOS, OS TRAVA-LÍNGUAS DEVEM SER RECITADOS:

☐ BEM DEVAGAR. ☐ BEM RÁPIDO.

ESTUDO DA LÍNGUA

LETRA R

RA RE RI RO RU ra re ri ro ru
Ra Re Ri Ro Ru ra re ri ro ru

1 FORME O NOME DA FIGURA COM AS LETRAS MÓVEIS.

A) COPIE A PALAVRA QUE VOCÊ FORMOU.

B) TROQUE A POSIÇÃO DAS LETRAS MÓVEIS. FORME OUTRA PALAVRA.

---

2 LEIA AS PALAVRAS E, EM CADA PAR, PINTE A LETRA DIFERENTE.

| RODO | ROLO | REMO |
| RODA | RALO | RAMO |

3 UMA LETRA A MAIS PODE ALTERAR O SIGNIFICADO DE UMA PALAVRA. LEIA E PINTE AS LETRAS QUE FORAM ACRESCENTADAS DE UMA PALAVRA PARA A OUTRA.

ROEU → ROMEU → ROMPEU

4 LIGUE AS FIGURAS AOS SEUS NOMES.

RÃ

RATAZANA

RAINHA

RATO

REI

ROLHA

5 LEIA AS PALAVRAS.

RODA	REMO	REI	REMÉDIO
ROBÔ	RENATA	ROEU	RABO
RUA	RUGA	ROLO	RALO
ROUPA	RECADO	RIFA	RUÍDO

A LETRA **R** NO INÍCIO DA PALAVRA TEM UM SOM FORTE.

6 ESCREVA O NOME DE CADA FIGURA. DEPOIS, PROCURE O NOME DESSAS FIGURAS NO DIAGRAMA SILÁBICO.

_____ _____ _____ _____

SA	LI	GE	XI	RO	DA	NO
CI	RE	FO	PO	SU	SE	TO
MI	NO	ROU	PA	ZO	PE	LE
BI	SO	PU	RA	RE	LÓ	GIO
RO	DO	PI	BU	SI	JA	ZO

7 RESPONDA DE ACORDO COM AS PALAVRAS DA ATIVIDADE 6.

A) QUE PALAVRA TEM MAIS SÍLABAS? QUANTAS SÍLABAS ELA TEM?

_____

B) COPIE AS PALAVRAS QUE TÊM DUAS VOGAIS E DUAS CONSOANTES.

_____

C) COPIE A PALAVRA QUE TEM TRÊS VOGAIS E DUAS CONSOANTES.

_____

8 COMPLETE AS PALAVRAS COM AS SÍLABAS QUE FALTAM.

____sa   ____o   ____dio

____to   ____a   ____de

9 FORME PALAVRAS JUNTANDO AS SÍLABAS NUMERADAS DOS QUADRINHOS. FAÇA COMO NO MODELO.

1 ro	2 re	3 ga	4 pa	5 de	6 dor
7 ri	8 rou	9 da	10 pi	11 rá	12 do

1 E 9 → roda

2 E 5 → ____

8 E 4 → ____

7 E 4 → ____

2, 3 E 6 → ____

11, 10 E 12 → ____

A LETRA **R** PODE TER OUTROS SONS.
A LETRA **R** ENTRE VOGAIS TEM UM SOM MAIS FRACO.
PARA REPRESENTAR O SOM FORTE DO **R** ENTRE VOGAIS, USAMOS **RR**.

PALAVRAS COM R ENTRE VOGAIS

1 JUNTE AS SÍLABAS E FORME PALAVRAS.

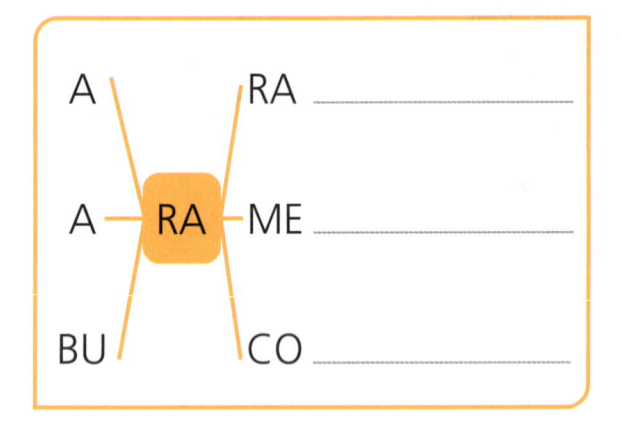

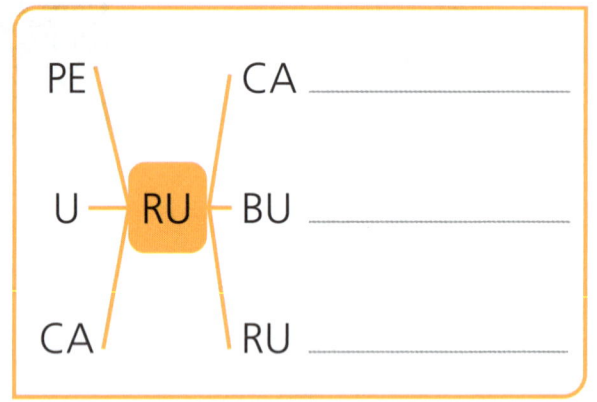

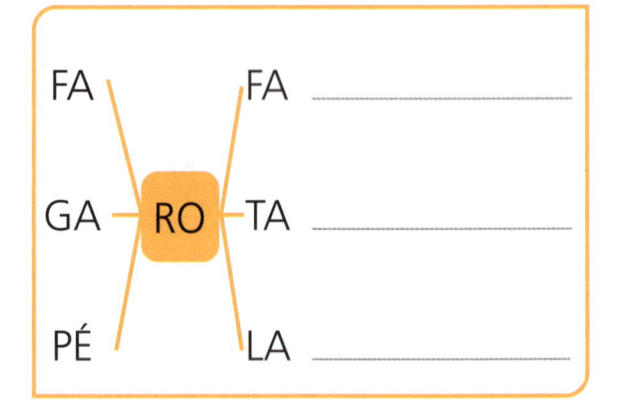

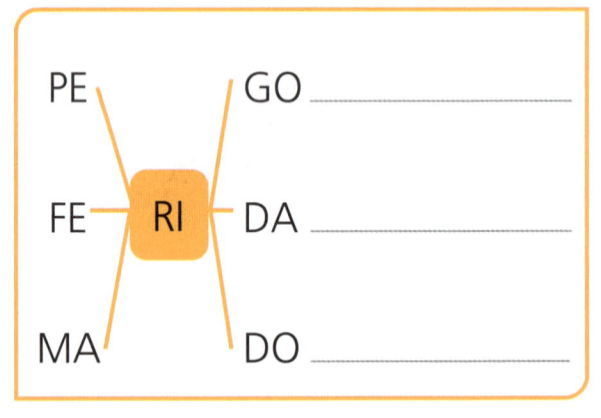

A — RA _____
A — RA — ME _____
BU — CO _____

PE — CA _____
U — RU — BU _____
CA — RU _____

FA — FA _____
GA — RO — TA _____
PÉ — LA _____

PE — GO _____
FE — RI — DA _____
MA — DO _____

2 LEIA AS PALAVRAS QUE VOCÊ FORMOU NA ATIVIDADE 10 E PINTE A INFORMAÇÃO VERDADEIRA.

☐ O SOM DO **R** É FRACO.

☐ O SOM DO **R** É FORTE.

PALAVRAS COM RR

1 LEIA AS PALAVRAS.

CARRO	TERRA	GARRAFA	VERRUGA
ARRUMAR	BARRIGUDO	FERRO	SERROTE
VARRER	FERRADURA	MARRECO	CORRIDA
CORRER	BEZERRO	TERRENO	BAIRRO

AGORA, MARQUE UM **X** NAS RESPOSTAS CORRETAS.

A) AS PALAVRAS QUE VOCÊ LEU SÃO ESCRITAS COM:

☐ R   ☐ RR

B) O SOM DE **RR** É: ☐ FORTE.   ☐ FRACO.

2 COMPLETE O NOME DAS FIGURAS COM RR E COPIE.

BU____O   FE____O   CA____O

CA____OSSEL   TO____E   GA____AFA

ar er ir or ur

ar er ir or ur

A LETRA R TAMBÉM PODE APARECER NO FINAL DA SÍLABA.

1 LEIA AS PALAVRAS.

MAR	URNA	VERDADE	ABERTO
FIRMA	CIRCO	CARTA	SORTE
ARTE	GORDURA	URSO	MARTA
CARTEIRO	TARDE	DORMIR	SUBIR

2 COMPLETE A CRUZADINHA COM O NOME DAS FIGURAS.

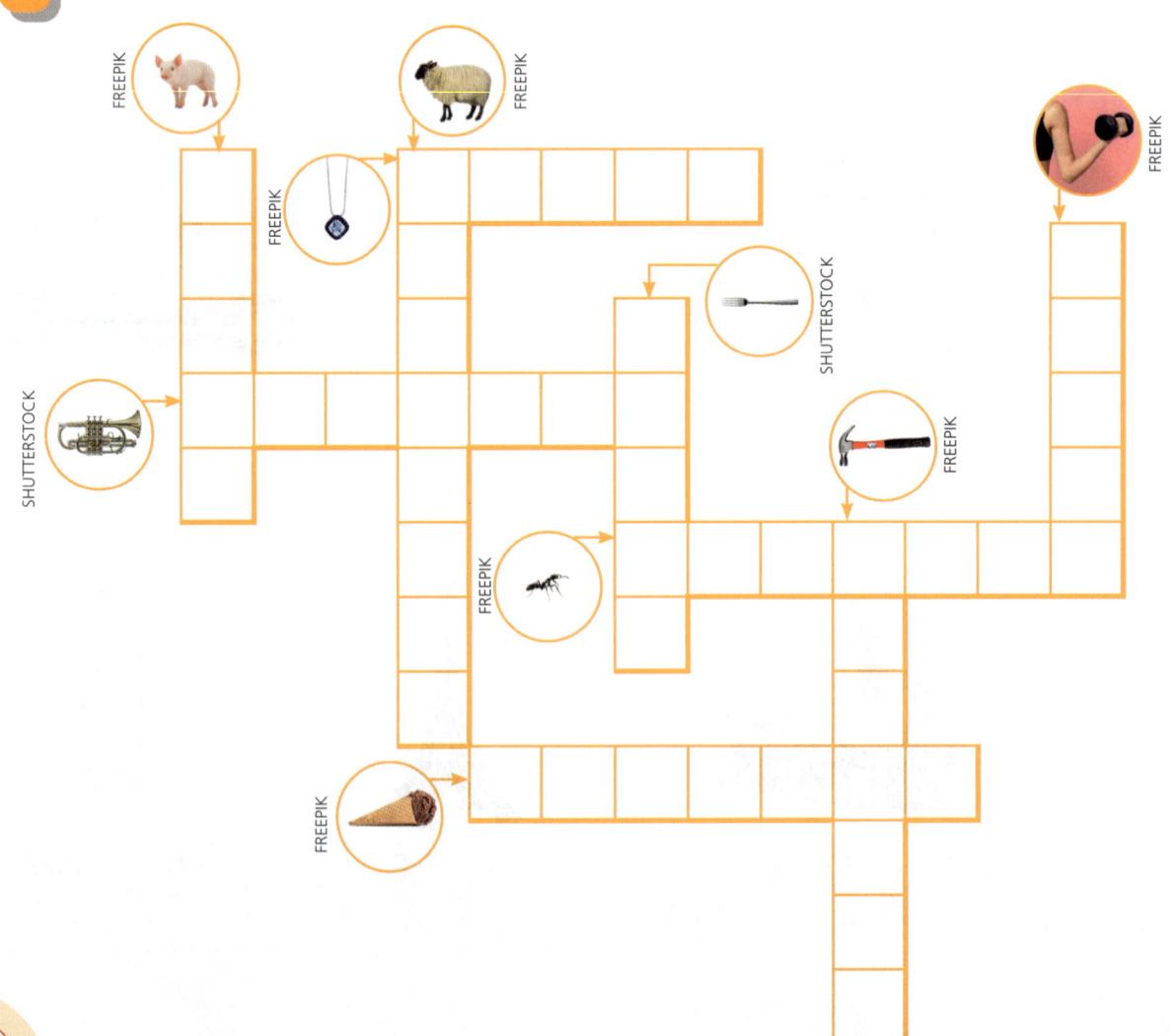

3 COMPLETE O NOME DAS FIGURAS COM *ar*, *er*, *or*.

m__telo   celul____   j__nal   v__de

t__ta   s__vete   colh____   apontad____

4 ESCREVA O NOME DE CADA PARTE DA PLANTA NO LUGAR CORRESPONDENTE.

FLOR
RAIZ
FRUTO
CAULE
FOLHA

5 ESCREVA UMA FRASE PARA A CENA AO LADO.

_____

_____

A LETRA **R** TAMBÉM PODE SER ESCRITA COM OUTRAS LETRAS, FORMANDO ENCONTROS DE CONSOANTES: **BR, CR, DR, FR, GR, PR, TR, VR.**

1 LEIA AS PALAVRAS.

CABRITO	CRIANÇA	DRAGÃO	FRUTA
BRENO	RECREIO	PEDRO	COFRE
BRAÇO	CROCODILO	PEDRINHA	FRIO
GRADE	PRATO	TRATOR	LIVRO
TIGRE	PRESENTE	ESTRELA	PALAVRA
GRITO	PRIMO	POLTRONA	LIVREIRO

2 COMPLETE AS PALAVRAS E NUMERE CADA FIGURA.

1 QUA_____O

2 I_____EJA

3 CO_____E

4 _____AÇO

5 _____ADE

6 _____ATO

7 _____UZ

8 _____IANÇA

UM TEXTO PUXA OUTRO

O PROFESSOR VAI LER UM TRAVA-LÍNGUA.

O 🐭 da 👧 roeu a 👖 da 👩.

O 🐭 da 👩 roeu a 🛏️ da 👧.

O 🤴 riu.

O irritado 🐭 da 👧 foi ao 🏞️.

O rude 🐭 da 👩 foi ao 🤴.

MARCIANO VASQUES. *DUAS DEZENAS DE TRAVA-LÍNGUAS*.
SÃO PAULO: NOOVHA AMÉRICA, 2009. P. 5.

1 COPIE O TRAVA-LÍNGUA TROCANDO AS FIGURAS POR PALAVRAS.

rato   Rita   roupa   Rute

rede   rei   rio

_____
_____
_____
_____
_____
_____
_____
_____

PRODUÇÃO DE TEXTO

VAMOS CRIAR UM TRAVA-LÍNGUA?

PREPARAÇÃO

NESTA LIÇÃO VOCÊ CONHECEU O RATO ROMEU E O RATO DA RUTE E DA RITA. IMAGINE AGORA OUTRO RATO E, COM TODA A TURMA, CRIE UM TEXTO COLETIVO. VEJA UM EXEMPLO:

O RATO VIRIATO
ROEU MEU SAPATO
O RATO VIRIATO
LAMBEU O PRATO

TEXTO DAS AUTORAS.

ESCRITA

DEEM ASAS À IMAGINAÇÃO E... MÃOS À OBRA!
O PROFESSOR VAI ESCREVER O TEXTO. DEPOIS, COPIE-O EM UMA FOLHA DE PAPEL.

REVISÃO

HÁ NO TEXTO REPETIÇÃO DE SONS PARECIDOS QUE PARECEM "TRAVAR" A LÍNGUA?
VOCÊ SENTIU DIFICULDADE EM PRONUNCIAR O TEXTO?
VOCÊ GOSTARIA DE FAZER ALGUMA MUDANÇA NO TEXTO?

AVALIAÇÃO

APRESENTE O TRAVA-LÍNGUA PARA UMA PESSOA DA SUA CONVIVÊNCIA. ELA CONSEGUIU LER BEM RAPIDAMENTE, SEM ENROLAR A LÍNGUA?

AMPLIANDO O VOCABULÁRIO

RANHETA
   MAL-HUMORADA, RANZINZA, RABUGENTA.

MENINA COM EXPRESSÃO MAL-HUMORADA.

RATAZANA
   RATO GRANDE.

RATAZANA.

ROMPEU
   ACABOU, TERMINOU.

LEIA MAIS

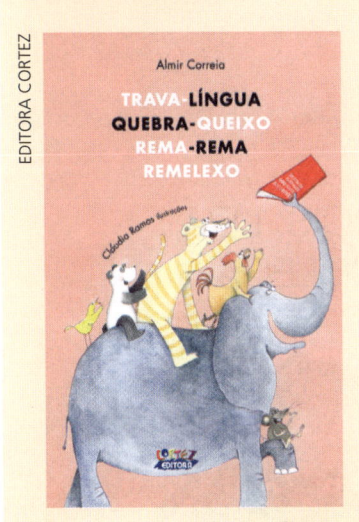

TRAVA-LÍNGUA, QUEBRA-QUEIXO, REMA-REMA, REMELEXO

ALMIR CORREIA. SÃO PAULO: CORTEZ, 2008.

NESSE LIVRO, HÁ POEMAS DIVERTIDOS E MUITOS TRAVA-LÍNGUAS ENGRAÇADOS PARA ENROLAR A LÍNGUA E AGRADAR AO CORAÇÃO.

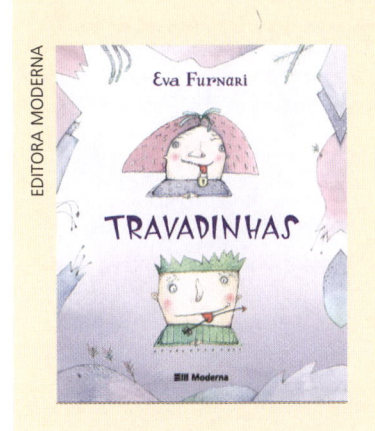

TRAVADINHAS

EVA FURNARI. SÃO PAULO: MODERNA, 2011.

O DESAFIO NESSE LIVRO É LER CADA UM DE SEUS TRAVA-LÍNGUAS BEM DEPRESSA E SEM TROPEÇAR. AS ILUSTRAÇÕES, ORIGINAIS E DIVERTIDAS, TORNAM OS TEXTOS AINDA MAIS ENGRAÇADOS E PRAZEROSOS PARA AS CRIANÇAS.

O RATO ROEU A ROUPA

ANA MARIA MACHADO. SÃO PAULO: SALAMANDRA, 2013.

ESSE LIVRO CONTA A HISTÓRIA DE UM RATO QUE ROÍA TUDO, ATÉ A ROUPA DO REI DE ROMA.

LIÇÃO 17 — O SAPO E O SACO

VAMOS COMEÇAR!

ACOMPANHE A LEITURA DO TEXTO. DEPOIS, LEIA SOZINHO, MEMORIZE E RECITE PARA UM COLEGA.

OLHA O SAPO DENTRO DO SACO.
O SACO COM O SAPO DENTRO.
O SAPO BATENDO PAPO.
E O PAPO SOLTANDO VENTO.

DOMÍNIO PÚBLICO.

ESTUDO DO TEXTO

1 ONDE ESTÁ O SAPO?

_____

2 QUAIS PALAVRAS DO TRAVA-LÍNGUA TÊM PRONÚNCIA PARECIDA?

_____

3 COPIE O VERSO DO TRAVA-LÍNGUA QUE RIMA COM ESTE:

O SACO COM O SAPO DENTRO.

_____

ESTUDO DA LÍNGUA

LETRA S

| SA | SE | SI | SO | SU | sa | se | si | so | su |

1 FORME O NOME DO ANIMAL COM AS LETRAS MÓVEIS.

- COPIE A PALAVRA QUE VOCÊ FORMOU. ESCREVA CADA SÍLABA EM UM QUADRINHO.

2 CIRCULE O NOME DESSE ANIMAL NOS VERSOS DO TRAVA-LÍNGUA.

> OLHA O SAPO DENTRO DO SACO.
>
> O SACO COM O SAPO DENTRO.
>
> O SAPO BATENDO PAPO.
>
> E O PAPO SOLTANDO VENTO.

3 CIRCULE SOMENTE AS FIGURAS QUE COMEÇAM COMO **SA**PO.

4) LEIA AS PALAVRAS.

SELO	SALADA	SUADO	SOLO
SAIA	SEDE	SOMA	SUBIDA
SUJO	SEMANA	SIRI	SONO
SABIDO	SÍLABA	SACOLA	SINO

- ESCOLHA UMA PALAVRA DO QUADRO E FORME UMA FRASE COM ELA.

_____

_____

5) ORDENE AS SÍLABAS E FORME PALAVRAS. DEPOIS, CRIE UMA FRASE USANDO CADA PALAVRA.

| CO | LA | SA |

_____

_____

| DO | BI | SA |

_____

_____

| MA | SE | NA |

_____

_____

6 ESCREVA AS SÍLABAS DE CADA DUPLA DE PALAVRAS NOS QUADRINHOS.

A) SOFÁ – SONECA

| SO | | |
| FÁ |

B) SALAME – SAPATO

C) SINO – SIRENE

7 TROQUE APENAS UMA LETRA DE CADA PALAVRA E FORME OUTRAS.

EXEMPLO:

SAPO – **P**APO

SA**P**O – SA**C**O

SAP**O** – SAP**A**

SALA – _____

SELA – _____

SINO – _____

PALAVRAS COM S ENTRE VOGAIS (SOM DE Z)

1 LEIA AS PALAVRAS.

MESA	CASACO	MÚSICA	GASOLINA
CAMISA	CASEIRO	CASULO	CASA
VISITA	CORAJOSO	GULOSO	CAMISETA

A LETRA **S**, QUANDO APARECE SOZINHA NO MEIO DE DUAS VOGAIS, TEM SOM DE **Z**.

2 COMPLETE O NOME DAS FIGURAS. DEPOIS, COPIE A PALAVRA.

ca____

ca____co

cami____

me____

a____

parafu____

PALAVRAS COM SS

1 LEIA AS PALAVRAS.

OSSO	MISSA	ASSADO	CÁSSIO
DISSE	ASSOBIO	PESSOA	SOSSEGO
BÚSSOLA	VOASSE	PASSA	NOSSO
VASSOURA	PASSEATA	PASSOU	PASSEIO
TOSSE	AMASSOU	MASSA	PASSADO

> PARA REPRESENTAR O SOM DE **S** ENTRE VOGAIS, USAMOS **SS**.

2 LEIA AS PALAVRAS E SEPARE AS SÍLABAS.

ASSA – _____   TOSSE – _____

MISSA – _____   PASSE – _____

PASSA – _____   DISSE – _____

MASSA – _____   PASSEIO – _____

3 ESCREVA O NOME DOS DESENHOS SEGUINDO A NUMERAÇÃO.

1 
2 
3 
4 
5 
6

ILUSTRAÇÕES: FREEPIK

213

4 ORDENE AS SÍLABAS E FORME PALAVRAS.

GO PÊS SE – _____

RA VAS SOU – _____

AS BI O SO – _____

SA MIS – _____

SA PAS DO – _____

5 FORME PALAVRAS JUNTANDO AS SÍLABAS NUMERADAS DOS QUADRINHOS.

1	2	3	4	5	6	7
AS	PAS	NA	RA	FOS	DEI	SA
8	9	10	11	12	13	14
SI	DO	RI	MAS	NHO	SUS	TA

5 E 7 – _____   1, 13, 14 E 9 – _____

2, 7 E 9 – _____   11 E 7 – _____

2, 7, 6 E 4 – _____   2, 7, 10 E 12 – _____

as es is os us

as es is os us

A LETRA **S** PODE APARECER NO INÍCIO OU NO FINAL DA SÍLABA.

6 LEIA AS PALAVRAS. CIRCULE AS SÍLABAS QUE TERMINAM COM A LETRA **S**.

| MÁSCARA | ESPELHO | DOIS | ÓCULOS | ÔNIBUS |
| CASTELO | VESTIDO | TÊNIS | CARLOS | VÍRUS |

UM TEXTO PUXA OUTRO

ACOMPANHE A LEITURA DE TRAVA-LÍNGUAS QUE O PROFESSOR VAI FAZER. DEPOIS, MEMORIZE E RECITE COM OS COLEGAS.

A ARANHA ARRANHA O JARRO.
O JARRO ARRANHA A ARANHA.

TRÊS PRATOS DE TRIGO
PARA TRÊS TIGRES TRISTES.

QUEM A PACA CARA COMPRA,
CARO A PACA PAGARÁ.

VOCÊ SABIA
QUE O SABIÁ
SABIA ASSOBIAR?

A VACA MALHADA
FOI MOLHADA POR OUTRA
VACA MALHADA E MOLHADA.

O DOCE PERGUNTOU PRO DOCE
QUAL É O DOCE MAIS DOCE.
O DOCE RESPONDEU PRO DOCE
QUE O DOCE MAIS DOCE
É O DOCE DE BATATA-DOCE.

DOMÍNIO PÚBLICO.

O RATO ROEU A ROUPA
DO REI DE ROMA.
A RAINHA RAIVOSA
RASGOU O RESTO.

DOMÍNIO PÚBLICO.

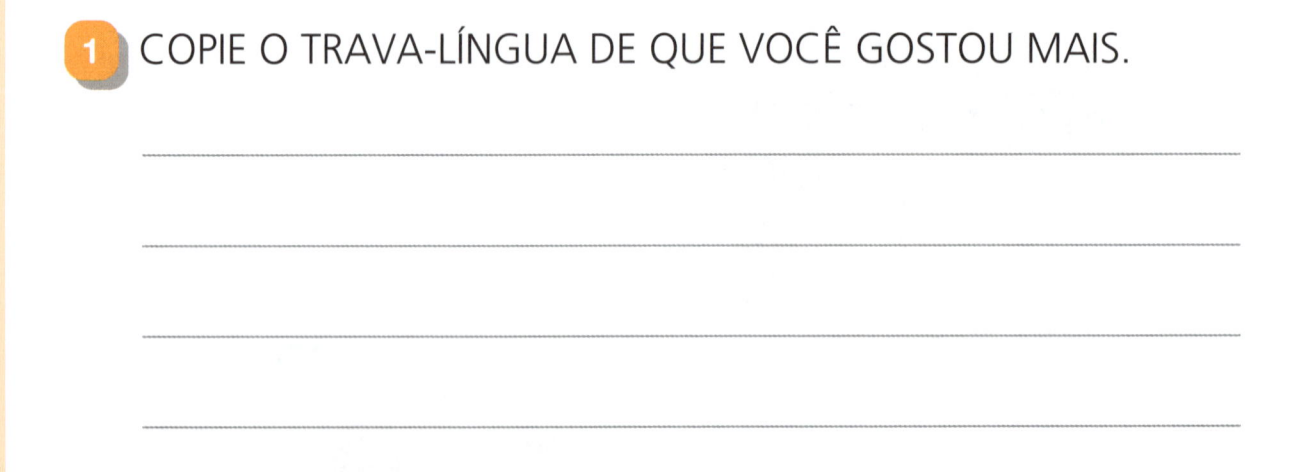

1 COPIE O TRAVA-LÍNGUA DE QUE VOCÊ GOSTOU MAIS.

_____
_____
_____
_____
_____

2 NO DIA COMBINADO, PARTICIPE DO RECITAL DE TRAVA-
-LÍNGUAS. ENSAIE A LEITURA DO TEXTO QUE VOCÊ VAI
RECEBER DO PROFESSOR. DEPOIS, RECITE-O BEM DEPRESSA
E DÊ BOAS GARGALHADAS COM OS COLEGAS!

PRODUÇÃO DE TEXTO

NESTA ATIVIDADE, VOCÊ VAI ESCREVER E RECITAR UM TRAVA-LÍNGUA QUE SEUS COLEGAS NÃO CONHECEM.

PLANEJAMENTO

PARA ESCREVER O TRAVA-LÍNGUA, VOCÊ PODERÁ:
- CONVERSAR COM UMA PESSOA DA SUA FAMÍLIA OU DE SEU CONVÍVIO E PERGUNTAR SE ELA CONHECE ALGUM TRAVA-LÍNGUA DE MEMÓRIA.
- PESQUISAR UM TRAVA-LÍNGUA NA INTERNET.
- CONSULTAR UM LIVRO DE TRAVA-LÍNGUAS, UM ALMANAQUE, UMA REVISTA DE PASSATEMPOS DA BIBLIOTECA DA ESCOLA OU DO CANTINHO DE LEITURA.

ESCRITA

ESCOLHA UM TRAVA-LÍNGUA QUE VOCÊ NUNCA RECITOU. COPIE-O NO ESPAÇO ABAIXO.

_____

_____

_____

_____

_____

REVISÃO

REVISE SEU TEXTO. MOSTRE-O TAMBÉM PARA UM COLEGA E PARA O PROFESSOR. CORRIJA O QUE FOR NECESSÁRIO.

VERSÃO FINAL

PASSE O TRAVA-LÍNGUA A LIMPO EM UMA FOLHA DE PAPEL.

ENTREGUE A FOLHA COM O TRAVA-LÍNGUA PARA O PROFESSOR.

NO DIA COMBINADO, PARTICIPE DO RECITAL DE TRAVA-LÍNGUAS.

ENSAIE A LEITURA DO TEXTO QUE VOCÊ RECEBER DO PROFESSOR. DEPOIS, RECITE-O BEM DEPRESSA E DÊ BOAS GARGALHADAS COM OS COLEGAS.

LEIA MAIS

ROMEU, O RATO QUE ROEU A ROUPA DO REI DE ROMA

ARLENE HOLANDA. SÃO PAULO: VOLTA E MEIA, 2013.

NESSE LIVRO, O PERSONAGEM ROMEU MUDA SEU DESTINO DEPOIS DE ROER A ROUPA DO REI DE ROMA.

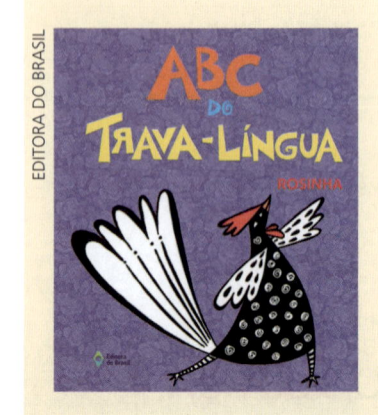

ABC DO TRAVA-LÍNGUA

ROSINHA. SÃO PAULO: EDITORA DO BRASIL, 2012.

NESSE LIVRO HÁ UM TRAVA-LÍNGUA DIVERTIDO PARA CADA LETRA DO ALFABETO.

AMPLIANDO O VOCABULÁRIO

PACA
ANIMAL ROEDOR DE RABO CURTO E PELO MARROM, COM LISTRAS CLARAS DOS LADOS.

PACA.

PAPO
1. PARTE EXTERNA DO PESCOÇO DAS AVES.
2. PARTE VOLUMOSA QUE EXISTE EMBAIXO DO QUEIXO DE PESSOAS E ANIMAIS.
3. BARRIGA DE ALGUÉM.
4. CONVERSA SEM IMPORTÂNCIA.

SAPO COM O PAPO ESTUFADO.

SIRENE
APARELHO QUE EMITE UM SOM AGUDO E FORTE PARA AVISAR AS PESSOAS DE ALGUM PERIGO OU PARA PEDIR PASSAGEM.

SIRENES.

TRIGO
PLANTA MUITO CULTIVADA NO MUNDO TODO POR CAUSA DE SEUS GRÃOS. TRANSFORMADOS EM FARINHA , É INGREDIENTE NO PREPARO DE PÃES, BOLOS ETC.

PLANTAÇÃO DE TRIGO.

LIÇÃO 18

O TELEFONE E O FIO

VAMOS COMEÇAR!

O PROFESSOR VAI RECITAR AS QUADRINHAS. DEPOIS, FAÇA DESENHOS PARA ILUSTRÁ-LAS.

TELEFONE SEM FIO

O TELEFONE SEM FIO,
É BRINCADEIRA ENGRAÇADA,
VOCÊ REPETE O QUE OUVIU,
MAS NINGUÉM ENTENDE NADA.

FIO SEM TELEFONE

NÃO SOU COBRA NEM LAGARTO,
NEM CLARINETA OU TROMBONE,
NA VERDADE, MINHA GENTE,
SOU UM FIO SEM TELEFONE.

SINVAL MEDINA E RENATA BUENO. *CACHORRO TEM DIA DE CÃO?* SÃO PAULO: EDITORA DO BRASIL, 2012. P. 14-15.

ESTUDO DO TEXTO

1 OBSERVE A CAPA DO LIVRO ONDE AS QUADRINHAS DA PÁGINA 220 FORAM PUBLICADAS. PINTE OS CÍRCULOS DE ACORDO COM AS INFORMAÇÕES:

- TÍTULO DO LIVRO
- NOME DA EDITORA
- NOME DOS AUTORES
- ILUSTRAÇÃO

2 VOCÊ ACHA QUE A EXPRESSÃO "DIA DE CÃO" SIGNIFICA:

☐ UMA DATA EM HOMENAGEM AOS CÃES.

☐ UM DIA DIFÍCIL.

3 OBSERVE AS QUADRINHAS DA PÁGINA 220 E RESPONDA: QUANTOS VERSOS TEM CADA QUADRINHA?

☐ VERSOS

4 ESCREVA O TÍTULO DA QUADRINHA EM QUE O TEMA É:

A) UMA BRINCADEIRA: _____

B) UM FIO DE TELEFONE: _____

5 LIGUE AS IMAGENS AOS SEUS NOMES.

LAGARTO

CLARINETA

TELEFONE

TROMBONE

COBRA

6 RECITE AS QUADRINHAS DA PÁGINA 220 PRESTANDO ATENÇÃO AO SOM DAS PALAVRAS NO FINAL DOS VERSOS. DEPOIS, COMPLETE AS FRASES.

A) **ENGRAÇADA** RIMA COM _____.

B) **TROMBONE** RIMA COM _____.

7 NAS QUADRINHAS QUE VOCÊ RECITOU:

☐ O PRIMEIRO VERSO RIMA COM O SEGUNDO.

☐ O SEGUNDO VERSO RIMA COM O ÚLTIMO.

8 **Engraçada** É O MESMO QUE:

☐ DIVERTIDA. ☐ SEM GRAÇA.

9 VOCÊ JÁ BRINCOU DE TELEFONE SEM FIO? QUEM SABE CONTAR AOS COLEGAS COMO É ESSA BRINCADEIRA? BRINQUE COM OS COLEGAS.

CRIANÇAS BRINCANDO DE TELEFONE SEM FIO.

ESTUDO DA LÍNGUA

LETRA T

| TA | TE | TI | TO | TU | ta | te | ti | to | tu |
| Ta | Te | Ti | To | Tu | ta | te | ti | to | tu |

1 FORME O NOME DA FIGURA COM AS LETRAS MÓVEIS.

- COPIE A PALAVRA QUE VOCÊ FORMOU. ☐

2 COMPLETE A QUADRINHA COM AS PALAVRAS QUE FALTAM. SE PRECISAR, VOLTE AO TEXTO DA PÁGINA 220.

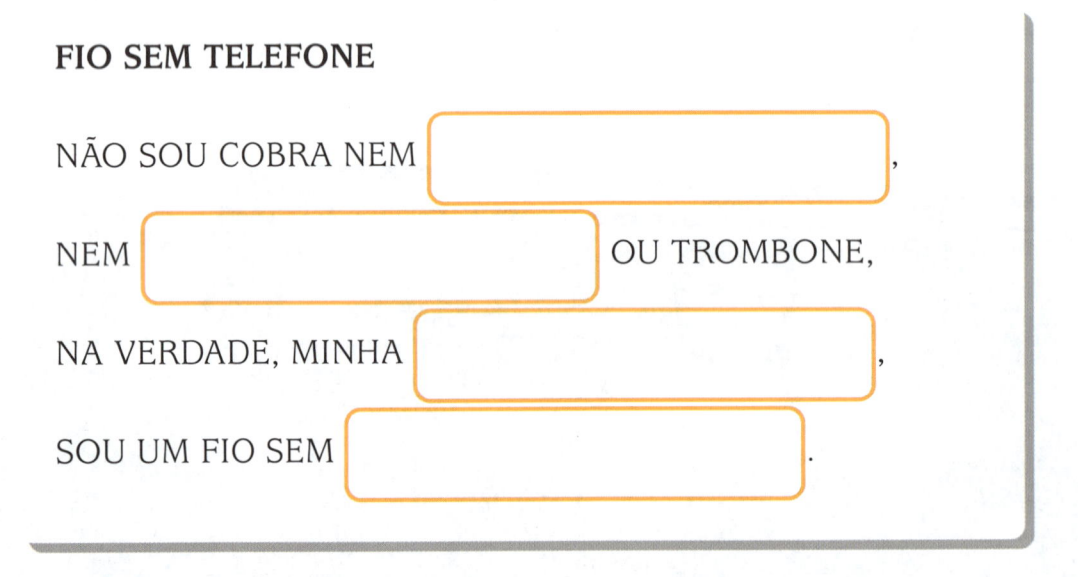

FIO SEM TELEFONE

NÃO SOU COBRA NEM ☐,

NEM ☐ OU TROMBONE,

NA VERDADE, MINHA ☐,

SOU UM FIO SEM ☐.

A) DESCUBRA A ÚNICA LETRA QUE APARECE NAS QUATRO PALAVRAS QUE VOCÊ ESCREVEU. ☐

B) ESCREVA OUTRA PALAVRA COM ESSA LETRA.

3 DESCUBRA A LETRA QUE FALTA NO NOME DOS ANIMAIS. DEPOIS, ESCREVA A PALAVRA COMPLETA.

|　T　AMANDUÁ | TAR____ARUGA | GAIVO____A |

_____   _____   _____

4 O QUE O NOME DESTAS CRIANÇAS TEM DE SEMELHANTE? CIRCULE.

TATIANA   TALITA   TADEU   TABAJARA

5 CIRCULE O NOME DE CADA FIGURA.

TOMADA   TIGELA   TATU
ABACATE   TIJOLO   TOFU
TOMATE   TÍTULO   TETO

225

6 LEIA AS PALAVRAS.

TAPETE	OITO	TETO	TIJOLO
TOCA	BATATA	PETECA	TATU
TITIA	BOTA	APITO	TUCANO

7 VAMOS BRINCAR DE DESCOBRIR PALAVRAS? ORDENE AS LETRAS PARA ACHAR A RESPOSTA DE CADA DICA.

A) OBJETO QUE FICA NA ENTRADA DA CASA E USAMOS PARA LIMPAR OS PÉS.

A T P E T E _____

B) ABRIGO DE ALGUNS ANIMAIS COMO O TATU.

C A O T _____

C) MATERIAL FEITO DE BARRO E USADO PARA CONSTRUIR CASAS.

I T L O J O _____

8 LEIA AS PALAVRAS ABAIXO. DEPOIS, ESCREVA-AS NO QUADRO DE ACORDO COM A SÍLABA INICIAL.

TIJOLO – TATU – TOMATE – TETO – TUCANO

TA	
TE	
TI	
TO	
TU	

9 OBSERVE AS FIGURAS E COMPLETE AS PALAVRAS COM ta, te, ti, to, tu.

to mate

pe te ca

la ta

te lefone

bo ta

tu cano

api to

ti jolo

UM TEXTO PUXA OUTRO

OUÇA COM ATENÇÃO A LEITURA QUE O PROFESSOR VAI FAZER.

TELEFONE SEM FIO

O PRIMEIRO DISSE:
"EXCELENTE".

O ÚLTIMO ENTENDEU:
"ISSO É LEITE".

O PRIMEIRO DISSE:
"ANA DE SALTO ALTO".

O ÚLTIMO ENTENDEU:
"BANANA NO ASFALTO".

O PRIMEIRO DISSE:
"ABRACADABRA
PALAVRA MÁGICA".

O ÚLTIMO ENTENDEU:
"ÁGUA PRA CABRA
QUE VAI DE VIAGEM".

DILAN CAMARGO. *BRINCRIAR*.
PORTO ALEGRE: PROJETO,
2007. P. 8-9.

1 AGORA QUE VOCÊ SABE DO QUE SE TRATA O POEMA, RESPONDA:

A) QUAL É O TÍTULO DO POEMA?

_____

B) QUANTAS ESTROFES E QUANTOS VERSOS TEM O POEMA?

☐ ESTROFES   ☐ VERSOS

C) QUAIS PALAVRAS TERMINAM COM SONS IGUAIS OU PARECIDOS NO POEMA?

_____

PRODUÇÃO DE TEXTO

PREPARAÇÃO

RELEIA O POEMA "TELEFONE SEM FIO" COM A AJUDA DO PROFESSOR.

REÚNA-SE COM UM COLEGA.

ESCRITA

CRIEM MAIS DUAS ESTROFES PARA O POEMA "TELEFONE SEM FIO".

O PRIMEIRO DISSE:

"_____

_____".

O ÚLTIMO ENTENDEU:

"_____

_____".

REVISÃO

MOSTREM O TEXTO AO PROFESSOR. ELE PODERÁ SUGERIR ALGUMAS MODIFICAÇÕES.

APRESENTAÇÃO

RECITEM PARA AS OUTRAS DUPLAS AS ESTROFES QUE VOCÊS CRIARAM.

LEIA MAIS

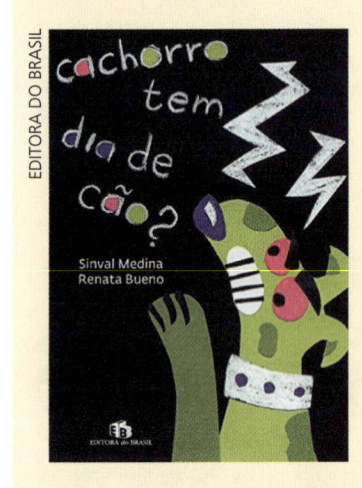

CACHORRO TEM DIA DE CÃO?

SINVAL MEDINA E RENATA BUENO. SÃO PAULO: EDITORA DO BRASIL, 2012.

NESSE LIVRO, OS AUTORES MOSTRAM COMO O MODO DE DIZER CERTAS COISAS PODE SER DIFERENTE DO QUE ESPERAMOS. SERÁ QUE CÃO DE DIA É O MESMO QUE DIA DE CÃO?

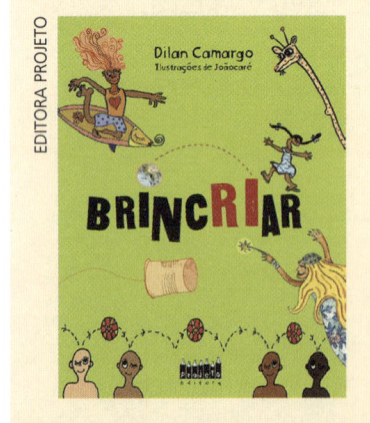

BRINCRIAR

DILAN CAMARGO. PORTO ALEGRE: PROJETO, 2007.

NESSE LIVRO, O AUTOR CONVIDA AS CRIANÇAS A BRINCAR, RIR E CRIAR. OVO CHOCO, ESCONDE-ESCONDE E CABRA-CEGA SÃO ALGUMAS DAS BRINCADEIRAS ESCRITAS EM FORMA DE POEMA.

AMPLIANDO O VOCABULÁRIO

CLARINETA
TAMBÉM CHAMADO DE CLARINETE, É UM INSTRUMENTO MUSICAL DE SOPRO, COMPRIDO E FINO, FEITO DE MADEIRA.

CLARINETA.

GAIVOTA
AVE BRANCA E CINZA DE ASAS LONGAS. VIVE PERTO DO MAR E SE ALIMENTA DE PEIXES.

GAIVOTA.

TAMANDUÁ
MAMÍFERO SEM DENTES, COM LÍNGUA E FOCINHOS LONGOS, QUE SE ALIMENTA DE FORMIGAS E CUPINS.

TAMANDUÁ.

TOFU
ESPÉCIE DE QUEIJO FEITO COM LEITE DE SOJA.

TOFU.

TROMBONE
INSTRUMENTO MUSICAL DE SOPRO FEITO DE METAL. PODE TER PISTÕES (BOTÕES) OU UMA VARA QUE O MÚSICO MOVE PARA A FRENTE E PARA TRÁS PARA EMITIR AS NOTAS.

TROMBONE.

LIÇÃO 19

A VACA E O LEITE

VAMOS COMEÇAR!

OUÇA AS QUADRINHAS QUE O PROFESSOR VAI RECITAR.

LEITE DE VACA

IOGURTE VEM NO COPINHO,
QUEIJO SE CORTA COM FACA,
OS DOIS TÊM ALGO EM COMUM,
SÃO FEITOS COM LEITE DE VACA.

VACA DE LEITE

ELA VIVE EM NOSSO SÍTIO,
E DEIXA A TODOS CONTENTE,
É MALHADA E FOFINHA,
A NOSSA VAQUINHA DE LEITE.

> SINVAL MEDINA E RENATA BUENO. *CACHORRO TEM DIA DE CÃO?* SÃO PAULO: EDITORA DO BRASIL, 2012. P. 16-17.

ESTUDO DO TEXTO

1 COPIE UMA DAS QUADRINHAS NO ESPAÇO ABAIXO.

_____

_____

_____

_____

2 ESCREVA O TÍTULO DA QUADRINHA QUE TEM COMO TEMA:

A) ALIMENTOS: _____

B) UM ANIMAL: _____

3 CIRCULE OS ALIMENTOS QUE PODEM SER FEITOS COM LEITE DE VACA.

4 COPIE DA PRIMEIRA QUADRINHA A PALAVRA QUE TERMINA COM O MESMO SOM DE:

FACA: _____

5 EXPLIQUE PARA UM COLEGA QUAL É A DIFERENÇA ENTRE:

LEITE DE VACA   VACA DE LEITE

ESTUDO DA LÍNGUA

LETRA V

VA	VE	VI	VO	VU	va	ve	vi	vo	vu
Va	*Ve*	*Vi*	*Vo*	*Vu*	*va*	*ve*	*vi*	*vo*	*vu*

1 FORME O NOME DA FIGURA COM AS LETRAS MÓVEIS.

A) COPIE A PALAVRA QUE VOCÊ FORMOU.

B) TROQUE A PRIMEIRA LETRA DA PALAVRA **VACA** POR OUTRAS CONSOANTES E FORME O NOME DAS IMAGENS.

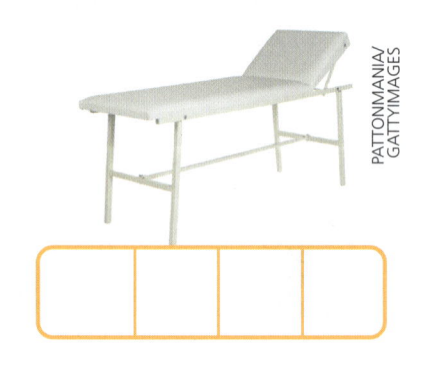

2 FORME OUTRAS PALAVRAS TROCANDO AS CONSOANTES INDICADAS.

VACA   **C** POR **G** _____

VAGA   **G** POR **R** _____

VERA   **R** POR **L** _____

VILA   **L** POR **G** _____

234

3 COMPLETE O NOME DOS ANIMAIS. DEPOIS, COPIE.

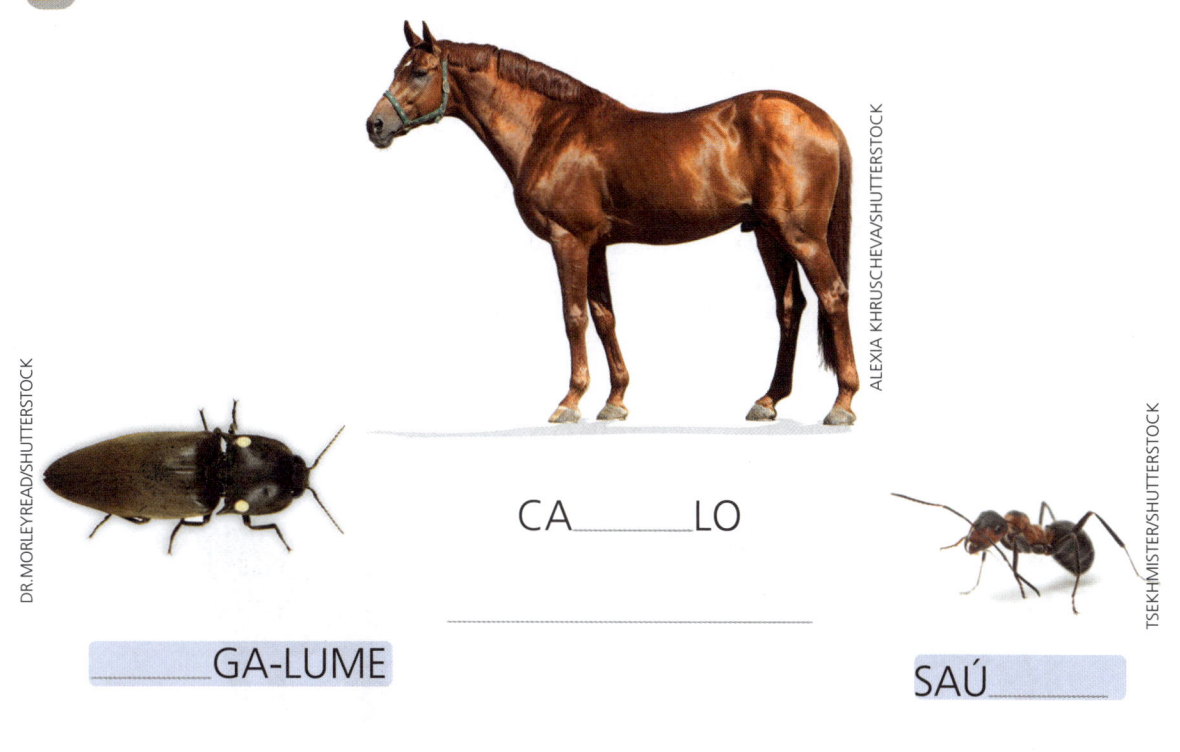

CA_____LO

_____

_____GA-LUME

_____

SAÚ_____

_____

4 LEIA AS PALAVRAS.

| AVIÃO | OVO | VOVÔ | UVA |
| VOVÓ | VIOLA | CAVALO | PAVÃO |

- COPIE DO QUADRO ACIMA AS PALAVRAS QUE SÃO:

NOMES DE ALIMENTOS	NOMES DE OBJETOS

NOMES DE ANIMAIS	NOMES DE FAMILIARES

235

5 LEIA AS PALAVRAS.

VALETA	VIOLÃO	AVIÃO	VOAVA
VOVÓ	FIVELA	OVO	VIOLA
NOVE	NOVO	VOVÔ	GRAVURA
MUVUCA	UVA	LUVA	PAVÃO
AVE	VENENO	VIOLETA	VELUDO

6 ESCREVA O NOME DAS FIGURAS ABAIXO.

_____   _____

_____   _____

_____   _____

7 SEPARE AS SÍLABAS DAS PALAVRAS. DEPOIS, ESCREVA NOS QUADRINHOS O NÚMERO DE SÍLABAS DE CADA UMA.

VOVÔ _____ ☐   VEADO _____ ☐

CAVALO _____ ☐   VOVÓ _____ ☐

VIVO _____ ☐   VIAJAR _____ ☐

VIVA _____ ☐   VOAVA _____ ☐

VENENO _____ ☐   LAVA _____ ☐

PAVIO _____ ☐   VALE _____ ☐

8 LEIA AS PALAVRAS ABAIXO E ORGANIZE-AS NO QUADRO DE ACORDO COM A SÍLABA.

GAVIÃO – GAIVOTA – CAPIVARA – POLVO – CAVALO

VA		
VE		
VI		
VO		
VU		

9 PROCURE EM JORNAIS E REVISTAS OUTRAS PALAVRAS ESCRITAS COM A LETRA V PARA COMPLETAR OS QUADROS DA ATIVIDADE 8.

10 LEIA EM VOZ ALTA AS PALAVRAS E PINTE AQUELAS QUE NÃO SÃO ESCRITAS COM A LETRA V.

VACA	FUMAÇA	FAROFA	FURACÃO
FERIDA	VOVÔ	FEIRA	VOCÊ
VULCÃO	FOCINHO	VOTOU	FURADA

11 COMPLETE AS PALAVRAS COM AS SÍLABAS *va, ve, vi, vo*.

pol_____   _____tória

_____dro   _____sita

_____la   _____ga-lume

12 ESCREVA AS PALAVRAS QUE O PROFESSOR DITAR.

UM TEXTO PUXA OUTRO

OUÇA COM ATENÇÃO A LEITURA QUE O PROFESSOR VAI FAZER.

EU SOU PEQUENININHA
DO TAMANHO DE UM BOTÃO
CARREGO PAPAI NO BOLSO
E MAMÃE NO CORAÇÃO.

DOMÍNIO PÚBLICO.

FUI PASSAR NA PINGUELINHA
CHINELINHO CAIU DO PÉ.
OS PEIXINHOS RECLAMARAM:
— QUE CHEIRINHO DE CHULÉ!

DOMÍNIO PÚBLICO.

QUEM QUISER SABER MEU NOME
DÊ UMA VOLTA NO JARDIM
QUE O MEU NOME ESTÁ ESCRITO
NUMA FOLHA DE JASMIM.

DOMÍNIO PÚBLICO.

CHOVE, CHUVA, CHUVISQUINHO
SUA CALÇA TEM FURINHO.
CHOVE, CHUVA, CHUVARADA,
SUA CALÇA ESTÁ FURADA.

DOMÍNIO PÚBLICO.

1 COPIE A QUADRINHA DE QUE VOCÊ GOSTOU MAIS.

2 AGORA PESQUISE OUTRA QUADRINHA E ESCREVA NAS LINHAS A SEGUIR.

PRODUÇÃO DE TEXTO

ORGANIZE UMA COLETÂNEA DE QUADRINHAS QUE SÃO COMUNS NA REGIÃO ONDE VOCÊ MORA. COM A ORIENTAÇÃO DO PROFESSOR, FORME UM LIVRO QUE PODERÁ SER OFERECIDO A UMA PESSOA DA SUA FAMÍLIA.

PREPARAÇÃO

PARA FORMAR A COLETÂNEA, VOCÊ PODE:
- PERGUNTAR A FAMILIARES E AMIGOS QUAIS QUADRINHAS ELES CONHECEM;
- PROCURAR QUADRINHAS EM LIVROS E REVISTAS;
- PESQUISAR NA INTERNET;
- INVENTAR AS PRÓPRIAS QUADRINHAS.

ESCRITA

ESCREVA CADA QUADRINHA EM UMA FOLHA DE PAPEL.

REVISÃO

MOSTRE SUAS QUADRINHAS PARA O PROFESSOR REVISAR.

DEPOIS, FAÇA AS CORREÇÕES QUE ELE PEDIR.

REESCRITA

COM A ORIENTAÇÃO DO PROFESSOR, FAÇA A EDIÇÃO FINAL DAS QUADRINHAS E ILUSTRE-AS.

AGORA, VOCÊ E OS COLEGAS VÃO RECITAR QUADRINHAS PARA OUTRAS TURMAS.

PREPARAÇÃO

SELECIONE UMA DAS QUADRINHAS DO LIVRO QUE VOCÊ PRODUZIU.

ENSAIO PARA O RECITAL

TREINE A RECITAÇÃO DA QUADRINHA EM CASA E NA ESCOLA. SE VOCÊ PRECISAR, PEÇA A AJUDA DO PROFESSOR OU DE UMA PESSOA DA SUA FAMÍLIA PARA FAZER A PRIMEIRA LEITURA.

RECITE COM ENTONAÇÃO. PARA ISSO, FIQUE ATENTO AO SOM DAS PALAVRAS E ÀS MARCAS QUE PODEM MODIFICAR O SOM DAS LETRAS, COMO OS ACENTOS.

RECITE A QUADRINHA EM UM VOLUME DE VOZ ADEQUADO, NEM MUITO ALTO NEM MUITO BAIXO. TAMBÉM É IMPORTANTE QUE VOCÊ PRONUNCIE AS PALAVRAS DE FORMA CLARA E CONSIDERANDO O RITMO DO TEXTO.

O PROFESSOR VAI ORGANIZAR UM ENSAIO GERAL. UM DE CADA VEZ VAI RECITAR SUA QUADRINHA.

AVALIANDO AS RECITAÇÕES

DEPOIS QUE TODOS RECITAREM SUAS QUADRINHAS, CONVERSEM SOBRE O QUE PODE SER MELHORADO.

APRESENTAÇÃO

NO DIA COMBINADO PELO PROFESSOR, UM DE CADA VEZ VAI RECITAR UMA QUADRINHA. COLEGAS DE OUTRAS TURMAS SERÃO CONVIDADOS. BOA APRESENTAÇÃO!

LEIA MAIS

DIGA UM VERSO BEM BONITO!

MARIA JOSÉ NÓBREGA E ROSANE PAMPLONA. SÃO PAULO: MODERNA, 2005.

ESSE LIVRO REÚNE MUITAS QUADRINHAS DIVERTIDAS E DELICADAS. O LEITOR PODERÁ BRINCAR COM OS VERSOS E AS RIMAS, QUE EXPLORAM TEMAS COMO AMOR, INFÂNCIA E NATUREZA.

AMPLIANDO O VOCABULÁRIO

IOGURTE
ALIMENTO CREMOSO FEITO COM LEITE COALHADO.

IOGURTE.

SAÚVA
FORMIGA GRANDE QUE, AOS BANDOS, ATACA E DESTRÓI PLANTAÇÕES.

SAÚVA.

VAGA-LUME
INSETO QUE TEM UMA PARTE DO CORPO QUE BRILHA NO ESCURO.

VAGA-LUME.

LIÇÃO 20

O GATINHO XEXÉU

VAMOS COMEÇAR!

O PROFESSOR VAI LER O INÍCIO DE UMA HISTÓRIA. DEPOIS, VOCÊ VAI CRIAR UM FINAL PARA ELA.

O GATINHO XEXÉU

XEXÉU ERA UM GATINHO PEQUENO, DE COR PRETA E MUITO MANHOSO. ERA TAMBÉM MUITO MIMADO PELO SEU DONO, QUE SE CHAMAVA SÉRGIO.

SÉRGIO COMPRAVA BOLINHAS PLÁSTICAS PARA BRINCAR COM XEXÉU, MAS O QUE MAIS O GATINHO GOSTAVA DE FAZER ERA PENDURAR-SE NAS CORTINAS DAS JANELAS DA CASA E ACABAVA PUXANDO MUITOS FIOS.

[...]

TODAS AS NOITES, NA HORA DE DORMIR, XEXÉU PULAVA EM CIMA DA CAMA DE SÉRGIO. E NÃO ADIANTAVA COLOCÁ-LO PARA DORMIR EM OUTRO LUGAR, PORQUE O GATINHO DAVA UM JEITO DE VOLTAR A SE ESCONDER SOB OS COBERTORES, BEM QUIETINHO, SEM DAR UM MIADO SEQUER.

[...]

JUÇARA RODRIGUES. *O GATINHO XEXÉU*. PORTO ALEGRE: ELEFANTE LETRADO, 2014. [LIVRO ELETRÔNICO]

ESTUDO DO TEXTO

1 QUEM SÃO OS PERSONAGENS DA HISTÓRIA? ESCREVA O NOME:

A) DO GATINHO: _____

B) DO DONO DO GATINHO: _____

2 RESPONDA.

A) DE QUE COR É O GATINHO?

_____

B) QUE TAMANHO ELE TEM?

_____

C) O QUE ELE GOSTA DE FAZER?

_____

3 XEXÉU ERA UM GATINHO MUITO MANHOSO E MIMADO. O QUE ISSO SIGNIFICA? MARQUE UM **X** NA RESPOSTA.

☐ O GATINHO ERA BRINCALHÃO E ESPERTO.

☐ O GATINHO ERA MEIGO E TRATADO COM MUITO CARINHO.

☐ O GATINHO ERA DORMINHOCO.

4 POR QUE O GATINHO FICAVA BEM QUIETINHO ESCONDIDO SOB OS COBERTORES?

_____

ESTUDO DA LÍNGUA

LETRA X

XA XE XI XO XU   xa xe xi xo xu

Xa Xe Xi Xo Xu   xa xe xi xo xu

1 LEIA O NOME DESTES ALIMENTOS.

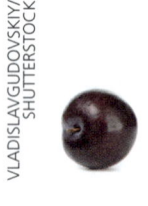

ABACAXI   AMEIXA   MAXIXE   PEIXE

- ESCREVA O NOME DOS ALIMENTOS NA LINHA CORRETA.

    2 SÍLABAS: _____

    3 SÍLABAS: _____

    4 SÍLABAS: _____

2 CIRCULE A FIGURA QUE TEM O NOME INICIADO COM A MESMA LETRA DA PALAVRA **XEXÉU**.

3 O PROFESSOR VAI RELER UM TRECHO DO TEXTO.

> SÉRGIO COMPRAVA BOLINHAS PLÁSTICAS PARA BRINCAR COM XEXÉU, MAS O QUE MAIS O GATINHO GOSTAVA DE FAZER ERA PENDURAR-SE NAS CORTINAS DAS JANELAS DA CASA E ACABAVA PUXANDO MUITOS FIOS.

- QUAIS PALAVRAS DO TRECHO ACIMA SÃO ESCRITAS COM **X**?

_____

4 ESCOLHA A PALAVRA QUE COMPLETA CADA FRASE E A ESCREVA.

| FAIXA | CAIXA | BAIXA |

- DEVEMOS ATRAVESSAR A RUA PELA _____ DE PEDESTRES.

| LIXO | LIXA | LUXO |

- DEVEMOS SEPARAR O _____ QUE PODE SER RECICLADO.

5 LEIA AS PALAVRAS.

ABACAXI	AMEIXA	FEIXE	PEIXE
ENXUGAR	BEXIGA	LUXO	MEXIDO
XAROPE	XERETA	CAIXOTE	LIXA
ENXUGAR	ROXO	FAXINA	DEIXOU

6 ESCREVA O NOME DAS FIGURAS E DEPOIS SEPARE AS SÍLABAS DAS PALAVRAS ESCRITAS.

_____   _____   _____

_____   _____   _____

_____   _____   _____

_____   _____   _____

7 OBSERVE O QUADRO DE CÓDIGOS. TROQUE OS SINAIS POR LETRAS PARA FORMAR UMA FRASE.

| X | D | Ê | A | O | N | I | R | B | C |
| ◗ | ★ | ♥ | ■ | ▲ | ✚ | ♦ | → | ✻ | ● |

8 AS PALAVRAS ABAIXO SÃO ESCRITAS COM xa, xe, xi, xo, xu. PINTE ESSAS SÍLABAS COM AS CORES DA LEGENDA, DE ACORDO COM SUA POSIÇÃO NA PALAVRA.

🟨 INÍCIO   🟥 MEIO   🟩 FIM

| a | ba | ca | xi |

| xi | lo | fo | ne |

| li | xo |

| ma | xi | xe |

| xa | le |

| pei | xe |

| en | xu | gar |

| xa | drez |

| cai | xo | te |

9 COMPLETE OS QUADRINHOS COM O NOME DAS FIGURAS.

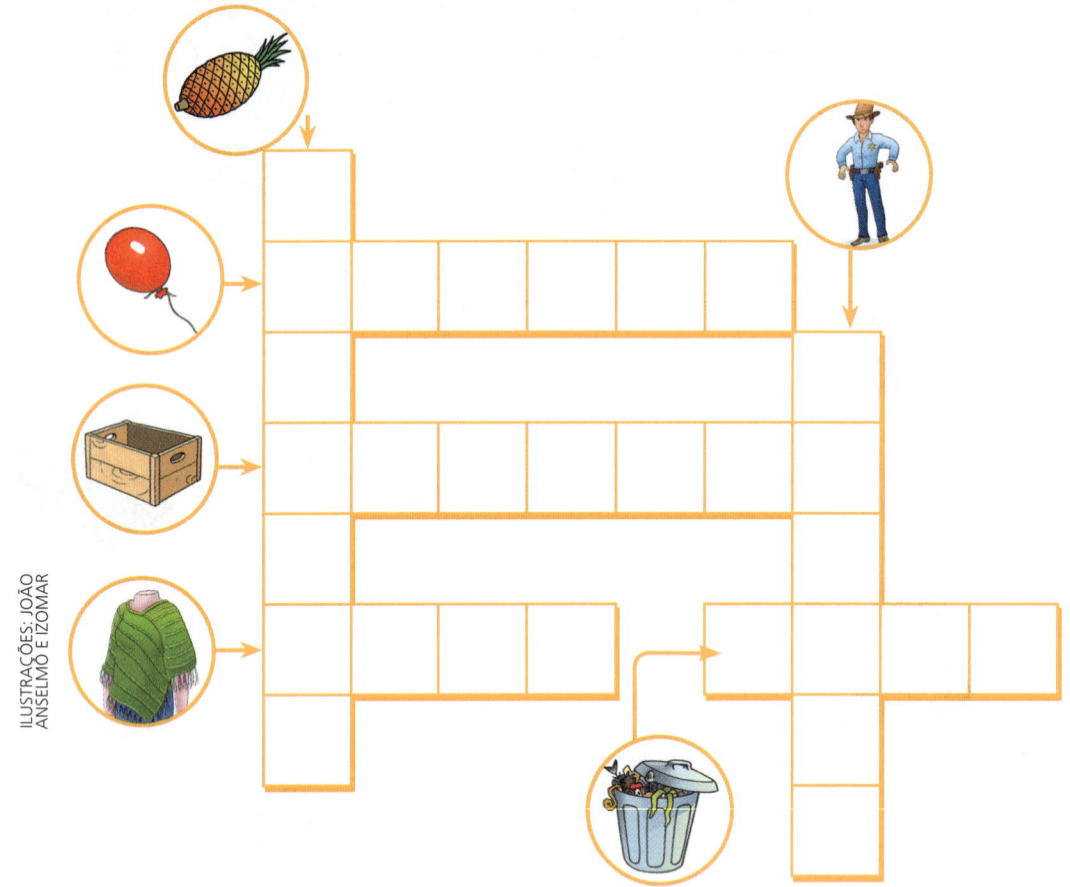

ILUSTRAÇÕES: JOÃO ANSELMO E IZOMAR

10 LIGUE O COMEÇO AO FIM DAS FRASES.

| XAVIER TOMOU | NA LIXEIRA. |
| JOGUE O LIXO | SUCO DE ABACAXI |

11 COPIE AS FRASES TROCANDO AS FIGURAS POR PALAVRAS.

A) A AVÓ DE CAROLINA TINHA UM _____ .

ILUSTRAÇÕES: JOÃO ANSELMO E IZOMAR

_____

B) JULIANA TOMOU _____ .

IMAGINARIO STUDIO

_____

12 COMPLETE A FRASE COM O NOME DA FIGURA.

O FRUTO DA AMEIXEIRA É A:

☐ ☐ ☐ ☐ ☐

A) PINTE SOMENTE AS VOGAIS NOS QUADRINHOS ACIMA.

B) QUANTAS VOGAIS VOCÊ PINTOU? ☐

C) QUANTAS SÃO AS CONSOANTES DESSA PALAVRA? ☐

D) QUANTAS SÃO AS LETRAS DESSA PALAVRA? ☐

E) QUANTAS SÃO AS SÍLABAS? ☐

NAS PALAVRAS QUE VOCÊ LEU ATÉ AQUI, A LETRA **X** TEM SOM DE **CH**. A LETRA **X** TAMBÉM PODE TER OUTROS SONS.

13 ESCUTE O PROFESSOR LER. DEPOIS, REPITA.

EXPLICAÇÃO	EXPOSIÇÃO	SAXOFONE
EXAME	TÁXI	EXATO
BOXE	EXEMPLO	EXPERIÊNCIA
EXERCÍCIO	EXCURSÃO	CRUCIFIXO

A) PINTE DE AMARELO A LETRA **X** NAS PALAVRAS.

B) CIRCULE AS PALAVRAS COM AS CORES DA LEGENDA:

🖍 **X** TEM SOM DE **S**   🖍 **X** TEM SOM DE **CS**   🖍 **X** TEM SOM DE **Z**

UM TEXTO PUXA OUTRO

LEIA A QUADRINHA.

X DE XÍCARA, DE XIXI,
XADREZ, XAVANTE E XINGU,
XAROPE, XERIFE, XODÓ.
MAS NÃO TEM X NA PALAVRA CHUCHU.

DARCI M. BRIGNANI.
DE A A Z, DE 1 A 10.
SÃO PAULO: IBEB JR., 2012.

1 COPIE, NA FILEIRA CORRETA, AS PALAVRAS DO TEXTO ESCRITAS COM **X**.

XA	
XE	
XI	
XO	

2 QUE PALAVRA DO TEXTO RIMA COM **XINGU**?

3 ALGUÉM PODERIA PENSAR QUE, COMO A PALAVRA **XODÓ**, A PALAVRA **CHUCHU** É ESCRITA COM **X**? POR QUÊ? CONVERSE COM OS COLEGAS.

PRODUÇÃO DE TEXTO

CHEGOU A HORA DE VOCÊ ESCREVER UMA CONTINUAÇÃO PARA A HISTÓRIA DO GATINHO XEXÉU.

PREPARAÇÃO
REÚNA-SE COM UM COLEGA.
RELEIAM O INÍCIO DA HISTÓRIA "O GATINHO XEXÉU", PÁGINA 244.

ESCRITA
PENSEM EM UMA CONTINUAÇÃO PARA A HISTÓRIA E ESCREVAM EM UMA FOLHA DE PAPEL.

REVISÃO E REESCRITA
MOSTREM O TEXTO AO PROFESSOR. VERIFIQUEM SE VOCÊS ESCREVERAM CORRETAMENTE TODAS AS PALAVRAS E SE DEIXARAM ESPAÇO ENTRE ELAS.

APRESENTAÇÃO
LEIA AOS COLEGAS O TEXTO QUE VOCÊS ESCREVERAM.

LEIA MAIS

O GATINHO XEXÉU

JUÇARA RODRIGUES. PORTO ALEGRE: ELEFANTE LETRADO, 2014.

O LIVRO CONTA A EMOCIONANTE HISTÓRIA DO GATINHO XEXÉU E DO PERSONAGEM SÉRGIO.

LIÇÃO 21
POR QUE AS ZEBRAS SÃO LISTRADAS?

VAMOS COMEÇAR!

ESCUTE COM ATENÇÃO A LEITURA QUE O PROFESSOR VAI FAZER.

POR QUE AS ZEBRAS SÃO LISTRADAS?

APÓS MUITO ESTUDO, CIENTISTAS DEDUZEM QUE AS LISTRAS PROTEGEM AS ZEBRAS DO ATAQUE DE INSETOS

POR QUE AS ZEBRAS SÃO LISTRADAS? A RESPOSTA É UM MISTÉRIO, MAS PESQUISADORES ESTÃO ATRÁS DE PISTAS!

[...]
AS ZEBRAS SÃO ENCONTRADAS NAS SAVANAS AFRICANAS E ESTÃO EXPOSTAS A PICADAS DE MOSQUITOS E OUTROS BICHINHOS DESAGRADÁVEIS. UM DELES É A MUTUCA, UMA MOSCA QUE SE ALIMENTA DE SANGUE E QUE COSTUMA PICAR CAVALOS E ZEBRAS. "ALÉM DE TRANSMITIR DOENÇAS, A MUTUCA TEM UMA PICADA MUITO DOLOROSA E INCÔMODA, PREJUDICANDO A PASTAGEM DOS ANIMAIS", CONTA SUSANNE AKESSON, BIÓLOGA DA UNIVERSIDADE DE LUND, NA SUÉCIA [...].

A PICADA DA MUTUCA É DOLOROSA E INCÔMODA.

CIENTISTAS OBSERVARAM QUE CAVALOS DE CORES ESCURAS ERAM MUITO MAIS ATACADOS POR MUTUCAS DO QUE OS CAVALOS DE CORES MAIS CLARAS. ELES SE PERGUNTARAM, ENTÃO, O QUE ACONTECERIA NAS ZEBRAS, E FORAM INVESTIGAR.

PARA ISSO, FORAM MONTADOS VÁRIOS CAVALOS DE PLÁSTICO, CADA UM DE UMA COR, E UM CAVALO COM LISTRAS EM PRETO E BRANCO. ELES FORAM LAMBUZADOS COM UMA COLA QUE PRENDIA OS INSETOS. AO FINAL DE ALGUNS DIAS, OS PESQUISADORES FORAM CONFERIR QUAL DOS ANIMAIS HAVIA SIDO MENOS ATACADO PELAS MOSCAS E… SURPRESA! TINHA SIDO A ZEBRA.

CAVALOS DE PLÁSTICO DE DIFERENTES CORES FORAM USADOS NO EXPERIMENTO.

ISSO ACONTECE PORQUE A MUTUCA TEM MAIS FACILIDADE PARA ENXERGAR OS CAVALOS DE CORES ESCURAS, SENDO MAIS ATRAÍDA POR ELES. JÁ AS LISTRAS EM PRETO E BRANCO CONFUNDIRIAM A MOSCA, FAZENDO COM QUE ELA ENXERGASSE MUITO MAL AS ZEBRAS. […]

FONTE: PAULA PADILHA. POR QUE AS ZEBRAS SÃO LISTRADAS? REVISTA CIÊNCIA HOJE DAS CRIANÇAS (ON-LINE). DISPONÍVEL EM: HTTP://CHC.ORG.BR/POR-QUE-AS-ZEBRAS-SAO-LISTRADAS/. ACESSO EM: 20 JUL. 2022.

ESTUDO DO TEXTO

1 QUEM ESCREVEU O TEXTO?

_____

2 ONDE O TEXTO FOI PUBLICADO?

_____

3 CIRCULE A RESPOSTA CORRETA.

A) O PRINCIPAL ANIMAL CITADO NO TEXTO É:

    A MUTUCA   A ZEBRA   O CAVALO

B) QUAL INFORMAÇÃO O TEXTO APRESENTA?

A PICADA DA MUTUCA NÃO DÓI.

AS LISTRAS PROTEGEM AS ZEBRAS DO ATAQUE DE INSETOS.

AS LISTRAS DAS ZEBRAS CONFUNDEM AS MOSCAS.

4 MARQUE A INFORMAÇÃO CORRETA EM CADA ITEM.

A) AS INFORMAÇÕES DO TEXTO:

☐ FORAM INVENTADAS.

☐ SÃO REAIS.

B) PARA ESCREVER UM TEXTO INFORMATIVO:

☐ É PRECISO FAZER PESQUISAS SOBRE O ASSUNTO E CONVERSAR COM ESPECIALISTAS.

☐ NÃO É PRECISO ESTUDAR O ASSUNTO.

5 DE QUE COR SÃO OS CAVALOS MAIS ATACADOS POR MUTUCAS?

☐ DE CORES ESCURAS.   ☐ DE CORES MAIS CLARAS.

6 PINTE AS INFORMAÇÕES VERDADEIRAS.

- AS ZEBRAS SÃO MENOS ATACADAS POR MOSCAS DO QUE OS CAVALOS.
- AS MUTUCAS ENXERGAM MELHOR OS CAVALOS DE CORES CLARAS.
- AS LISTRAS EM PRETO E BRANCO CONFUNDEM AS MOSCAS.
- AS MUTUCAS ENXERGAM MUITO BEM AS ZEBRAS.

> OBSERVE NO TEXTO QUE EXISTEM OUTROS SINAIS ALÉM DAS LETRAS. ELES SÃO OS SINAIS DE PONTUAÇÃO.

7 LEIA ESTAS FRASES DO TEXTO COM AJUDA DO PROFESSOR. CIRCULE O SINAL DESTACADO AO FINAL DE CADA FRASE.

POR QUE AS ZEBRAS SÃO LISTRADAS**?**

A PICADA DA MUTUCA É DOLOROSA E INCÔMODA**.**

SURPRESA**!**

ESTE É O PONTO-FINAL **.** .
ESTE É O PONTO DE INTERROGAÇÃO **?** .
ESTE É O PONTO DE EXCLAMAÇÃO **!** .

ESTUDO DA LÍNGUA

LETRA Z

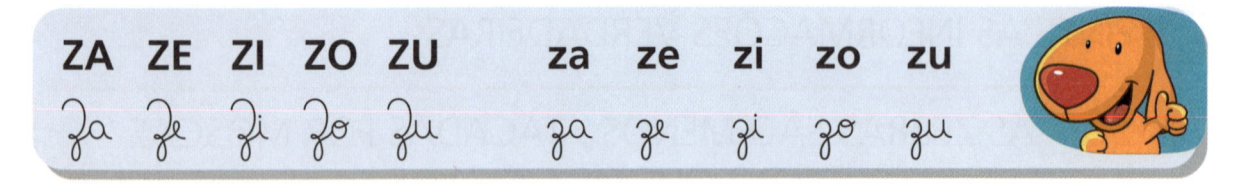

| ZA | ZE | ZI | ZO | ZU | za | ze | zi | zo | zu |

za ze zi zo zu   za ze zi zo zu

1 FORME O NOME DO ANIMAL COM AS LETRAS MÓVEIS. DEPOIS, COPIE.

2 LEIA O NOME DOS ANIMAIS. CIRCULE A SÍLABA INICIAL DE **ZE**BRA NAS PALAVRAS.

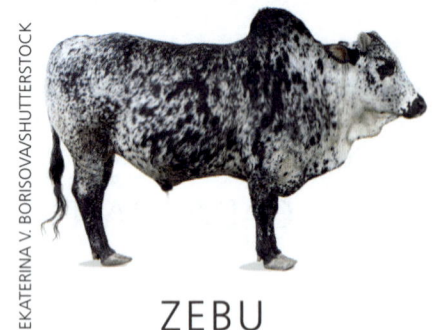

ZEBU   GAZELA   CHIMPANZÉ

3 LEIA EM VOZ ALTA COM O PROFESSOR E OS COLEGAS.

AZEITE	BUZINA	AZEITONA
BELEZA	DEZOITO	DELICADEZA
AZULADO	AMIZADE	ZÍPER

4 COPIE DO QUADRO DA ATIVIDADE 3 O NOME DAS FIGURAS.

_____   _____   _____

5 COPIE DO QUADRO DA ATIVIDADE 3:

A) UMA PALAVRA DE CINCO SÍLABAS:

_____

B) UMA PALAVRA DE QUATRO SÍLABAS:

_____

C) UMA PALAVRA QUE TERMINA COMO **LEITE**:

_____

D) UMA PALAVRA QUE TERMINA COMO **MOLEZA**:

_____

6 PROCURE NO DIAGRAMA O NOME DOS NUMERAIS. DEPOIS, ESCREVA.

11	U	E	O	N	Z	E	L	O	T
12	G	Z	C	S	C	P	Y	F	D
	D	E	Z	O	I	T	O	Q	O
18	P	M	V	G	U	R	A	H	Z
19	O	D	E	Z	E	N	O	V	E

11: _____   12: _____

18: _____   19: _____

7 LEIA ESTAS PALAVRAS COM O PROFESSOR. DEPOIS, ORGANIZE-AS NO QUADRO, NAS LINHAS CORRESPONDENTES.

AZARADO	AMIZADE	BELEZA	DOZE
ZIGUE-ZAGUE	CERTEZA	ZOOLÓGICO	VAZIO
BOAZINHA	LAMBUZA	ZERAR	ZÍPER
ZUMBIDO	ZAGUEIRO	VIZINHO	ZONA
SOZINHA	AZUL	NOZES	AZEDO

ZA	
ZE	
ZI	
ZO	
ZU	

8 FORME NOVAS PALAVRAS TROCANDO APENAS A LETRA Z.

ZELO	Z POR S	
ZONA	Z POR L	
ZUNIDO	Z POR P	
REZA	Z POR T	
VAZIO	Z POR D	

9 OBSERVE AS FIGURAS E COMPLETE AS PALAVRAS COM za, ze, zi, zo, zu.

co____do   a____lejo   ____bra

bati____do   co____nheiro   ____ada

10 PINTE AS PALAVRAS ESCRITAS COM ZA, ZE, ZI, ZO, ZU.

| BUZINA | AZULADO | BONECA | CANELA |
| AZEITE | LIMONADA | ZONA | BATIZADO |

az ez iz oz uz

A LETRA **Z** PODE APARECER NO INÍCIO OU NO FINAL DA SÍLABA. A LETRA **Z** NO FINAL DA SÍLABA TEM SOM DE **S**.

11 LEIA AS PALAVRAS. CIRCULE AS SÍLABAS QUE TERMINAM COM A LETRA **Z**.

| CARTAZ | DEZ | NARIZ | ARROZ | LUZ |
| PAZ | XADREZ | FELIZ | VELOZ | CUSCUZ |

PRODUÇÃO DE TEXTO

VAMOS MONTAR UM ÁLBUM ILUSTRADO DE ANIMAIS PARA DOAR À BIBLIOTECA DA ESCOLA.

PREPARAÇÃO

REÚNA-SE COM UM COLEGA. DECIDAM JUNTOS O ANIMAL QUE VOCÊS VÃO PESQUISAR. PROCUREM EM LIVROS, REVISTAS E *SITES* DA INTERNET INFORMAÇÕES SOBRE ELE.

ESCRITA

ESCREVAM NO CADERNO AS INFORMAÇÕES QUE VOCÊS PESQUISARAM.

REVISÃO

REVISEM O TEXTO QUE ESCREVERAM. VERIFIQUEM SE AS PALAVRAS FORAM ESCRITAS CORRETAMENTE, SE HÁ ESPAÇO ENTRE ELAS E SE O TEXTO TRAZ INFORMAÇÕES SOBRE O ANIMAL.

MOSTREM O TEXTO PARA O PROFESSOR. ELE PODERÁ FAZER SUGESTÕES PARA MELHORÁ-LO.

VERSÃO FINAL

EM UMA FOLHA DE PAPEL, ESCREVAM A VERSÃO FINAL DO TEXTO.

ÁLBUM ILUSTRADO

EM UMA FOLHA DE PAPEL SULFITE, COLEM A IMAGEM DO ANIMAL, QUE PODE SER ILUSTRAÇÃO, FOTO OU DESENHO.

ABAIXO DA FOTOGRAFIA, COPIEM A VERSÃO FINAL DO TEXTO QUE VOCÊS ESCREVERAM.

REÚNAM AS FOLHAS COM A AJUDA DO PROFESSOR PARA MONTAR O ÁLBUM ILUSTRADO.

UM DE CADA VEZ PODERÁ LEVAR O ÁLBUM PARA CASA, PARA MOSTRÁ-LO AOS FAMILIARES.

DEPOIS, ELE SERÁ DOADO À BIBLIOTECA DA ESCOLA.

AMPLIANDO O VOCABULÁRIO

SAVANA
REGIÃO SEM MONTANHAS, COBERTA DE GRAMAS OU ERVAS BAIXAS E COM POUCAS ÁRVORES.

SAVANA AFRICANA.

ZELADOR
PESSOA ENCARREGADA DE TOMAR CONTA DE UM LUGAR.

ZANZARAM
ANDARAM SEM RUMO.

LEIA MAIS

A DANÇA DOS BICHOS

EDGARD POÇAS. SÃO PAULO: COMPANHIA EDITORA NACIONAL, 2008.

ESSE LIVRO BRINCA COM O MUNDO ANIMAL, SUAS MANIAS E O RELACIONAMENTO DELES COM AS PESSOAS.

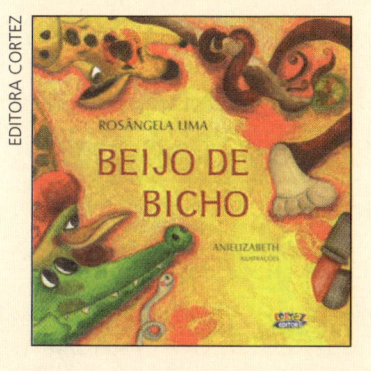

BEIJO DE BICHO

ROSÂNGELA LIMA. SÃO PAULO: CORTEZ, 2011.

NESSE LIVRO, HÁ POEMAS CURTOS QUE BRINCAM COM O BEIJO DOS ANIMAIS.

LIÇÃO 22 — GUAYNÊ DO POVO MAWÉ

VAMOS COMEÇAR!

OBSERVE A CAPA DO LIVRO E LEIA A LEGENDA.

A OBRA *GUAYNÊ DERROTA A COBRA GRANDE – UMA HISTÓRIA INDÍGENA*, DE TIAGO HAKIY, AMAZONENSE DE BARREIRINHA, FILHO DA ETNIA SATERÉ-MAWÉ, É A VENCEDORA DO 9º CONCURSO TAMOIOS DE TEXTOS DE ESCRITORES INDÍGENAS.

HAKIY, TIAGO. *GUAYNÊ DERROTA A COBRA GRANDE*: UMA HISTÓRIA INDÍGENA / TIAGO HAKIY; ILUSTRADO POR MAURÍCIO NEGRO. BELO HORIZONTE: AUTÊNTICA EDITORA, 2013. CONTRACAPA.

ESTUDO DO TEXTO

1 QUAL É O TÍTULO DO LIVRO? QUEM É O AUTOR?

_____

_____

2 O AUTOR DO LIVRO É UM ESCRITOR INDÍGENA? JUSTIFIQUE SUA RESPOSTA.

_____

3 LEIA UM TRECHO DO LIVRO.

> O POVO DA ALDEIA DAVA GRITOS DE ALEGRIA, GUAYNÊ NÃO SÓ MATARA A GRANDE COBRA, QUE DURANTE MUITOS ANOS OS HAVIA AMEDRONTADO, MAS TAMBÉM HAVIA SALVADO TAINÁ.
>
> O VELHO PAJÉ, AO VER SUA FILHA, CHOROU DE ALEGRIA, E ALI PERCEBEU QUE AQUELE MAWÉ ERA MERECEDOR DE CASAR COM SUA FILHA.
>
> [...]
>
> HAKIY, TIAGO. *GUAYNÊ DERROTA A COBRA GRANDE*: UMA HISTÓRIA INDÍGENA / TIAGO HAKIY; ILUSTRADO POR MAURÍCIO NEGRO. BELO HORIZONTE: AUTÊNTICA EDITORA, 2013. P. 22-24.

A) QUEM É GUAYNÊ?

☐ O VELHO PAJÉ.

☐ UM INDÍGENA DO POVO MAWÉ.

B) QUEM É TAINÁ?

☐ A FILHA DO VELHO PAJÉ.   ☐ A COBRA GRANDE.

ESTUDO DA LÍNGUA

LETRAS K, W E Y

COMO VOCÊ VIU NO INÍCIO DESTE LIVRO, AS LETRAS **K**, **W** E **Y** TAMBÉM FAZEM PARTE DO ALFABETO DA LÍNGUA PORTUGUESA. ELAS SÃO EMPREGADAS EM NOMES DE PESSOAS E DE LUGARES, EM PALAVRAS DE ORIGEM ESTRANGEIRA E EM ABREVIATURAS E SIGLAS.

1 VOCÊ CONHECE PALAVRAS ESCRITAS COM K, W E Y? PREENCHA O QUADRO.

K	W	Y

2 RECORTE OUTRAS PALAVRAS COM K, W E Y QUE VOCÊ ENCONTRAR EM REVISTAS, JORNAIS, FOLHETOS, EMBALAGENS ETC. COLE-AS NO QUADRO.

3 AS LETRAS K , W E Y TAMBÉM SÃO USADAS NA ESCRITA DE SÍMBOLOS, ABREVIATURAS E SIGLAS. OBSERVE:

KM – QUILÔMETROS

W – WATTS

WWW – *WORLD WIDE WEB*

4 COMPLETE O ALFABETO COM AS LETRAS QUE ESTÃO FALTANDO.

	B	C			F	
H				L		
	Q	R				
	V				Z	

5 QUE LETRAS VÊM ANTES E DEPOIS DESTAS?

☐ K ☐   ☐ W ☐   ☐ Y ☐

267

UM TEXTO PUXA OUTRO

ACOMPANHE A LEITURA DO PROFESSOR.

K Y W

ESSAS LETRAS DIFERENTES
SEMPRE VÃO APARECER
EM NOMES DE MUITA GENTE
QUE VOCÊ VAI CONHECER!

E COM A KÁTIA E O FRANK,
COM A YARA E A YASMIN,
COM WALTER, WILSON E WANDA,
NOSSO ABC CHEGA AO FIM!

MAURICIO DE SOUSA. *TURMA DA MÔNICA E O ABC*.
SÃO PAULO: MELHORAMENTOS, 2008. P. 53.

VANESSA ALEXANDRE

1 QUEM DA SALA TEM O NOME ESCRITO COM **K**, **W** OU **Y**?

2 CIRCULE AS PALAVRAS DO POEMA QUE TERMINAM COM O MESMO SOM.

3 CIRCULE OS NOMES QUE INICIAM COM K, W E Y NO DIAGRAMA.

Q	W	I	L	S	O	N	W
Y	F	R	A	N	K	A	A
A	X	K	N	R	Á	N	L
R	O	F	U	Q	T	X	T
A	Y	A	S	M	I	N	E
R	D	H	G	K	A	T	R
P	U	N	P	R	J	N	D
W	A	N	D	A	N	M	S

AGORA, COPIE OS NOMES QUE VOCÊ DESCOBRIU.

___
___
___
___
___
___

4 LEIA ESTES NOMES COM A AJUDA DO PROFESSOR.

KÁTIA	AYRTON	WELLYNGTON
KÉSIA	YARA	WILSON
KARINA	YVONE	WALESKA
KELLY	YAN	WALTER

A) COPIE DO QUADRO UM NOME ESCRITO COM AS LETRAS:

W E **K**: _____

W E **Y**: _____

B) ESCOLHA TRÊS NOMES DO QUADRO PARA ESCREVER EM CADA COLUNA.

K	W	Y

5 HÁ PESSOAS QUE VOCÊ CONHECE QUE TÊM O NOME ESCRITO COM AS LETRAS K, W E Y NO INÍCIO, NO MEIO OU NO FINAL? SE HOUVER, ESCREVA ESSES NOMES AQUI.

_____

_____

_____

_____

PRODUÇÃO DE TEXTO

AS LETRAS **K**, **W** E **Y** PODEM SER ENCONTRADAS EM MUITAS MARCAS DE PRODUTOS.

PREPARAÇÃO

OBSERVE AS EMBALAGENS DOS PRODUTOS QUE SÃO CONSUMIDOS EM SUA CASA. SE FOR POSSÍVEL, VEJA TAMBÉM FOLHETOS DE SUPERMERCADO. PROCURE NOMES DE PRODUTOS EM QUE APAREÇAM AS LETRAS **K**, **W** E **Y**.

ESCRITA

FAÇA UMA LISTA DAS PALAVRAS QUE VOCÊ ENCONTROU. VOCÊ TAMBÉM PODE RECORTAR AS PALAVRAS E COLAR EM UMA FOLHA DE PAPEL. CIRCULE AS LETRAS **K**, **W** E **Y** NAS PALAVRAS QUE VOCÊ ESCREVEU.

APRESENTAÇÃO

MOSTRE O RESULTADO DO SEU TRABALHO AOS COLEGAS.

LEIA MAIS

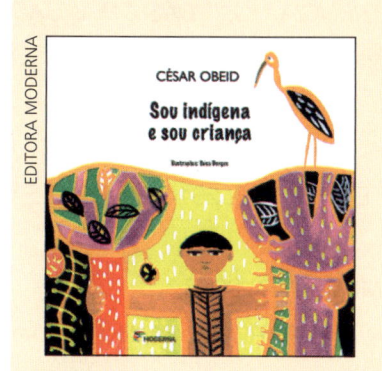

SOU INDÍGENA E SOU CRIANÇA

CÉSAR OBEID. SÃO PAULO: MODERNA, 2014. [LIVRO ELETRÔNICO]

VOCÊ SABIA QUE EXISTEM NO BRASIL MAIS DE 200 POVOS INDÍGENAS QUE FALAM APROXIMADAMENTE 170 LÍNGUAS? ESTE LIVRO, ESCRITO EM VERSOS, CONTA A HISTÓRIA DE UMA CRIANÇA INDÍGENA QUE PODERIA FAZER PARTE DE QUALQUER UM DESSES POVOS E FALAR QUALQUER LÍNGUA.

REFERÊNCIAS BIBLIOGRÁFICAS

BANDEIRA, PEDRO. *POR ENQUANTO EU SOU PEQUENO*. SÃO PAULO: MODERNA, 2009.

BRIGNANI, DARCI M. *DE A A Z, DE 1 A 10*. SÃO PAULO: IBEB JR., 2012.

CAMARGO, DILAN. *BRINCRIAR*. PORTO ALEGRE: PROJETO, 2007.

CAPPARELLI, SÉRGIO. *111 POEMAS PARA CRIANÇAS*. PORTO ALEGRE: L&PM, 2003.

CORREIA, ALMIR. *TRAVA-LÍNGUA, QUEBRA-QUEIXO, REMA-REMA, REMELEXO*. SÃO PAULO: CORTEZ, 2008.

COSTA, SILVIO. *ABECEDÁRIO AFRO DE POESIA*. SÃO PAULO: PAULUS, 2012.

FARO EDITORIAL. O PEQUENO PRÍNCIPE. DISPONÍVEL EM: HTTPS://FAROEDITORIAL.COM.BR/PRODUTO/O-PEQUENO-PRINCIPE/. ACESSO EM: 30 JUN. 2022.

FOLHA DE S.PAULO, SÃO PAULO, 12 OUT. 2013. FOLHINHA.

HAILER, LU; HAILER, MARCO. SERÁ QUE VOCÊ SABE? *CANTANTE 2*. SÃO PAULO: CARAMBOLA, 2013. CD.

HAILER, MARCO ANTÔNIO. *UM MUNDO CHAMADO ALFABETO*. SÃO PAULO: CAROCHINHA, 2014.

HAILER, MARCO. RECANTO DAS LETRAS. DISPONÍVEL EM: WWW.RECANTODASLETRAS.COM.BR/POESIASINFANTIS/4852272. ACESSO EM: 20 JUL. 2022.

HAKIY, TIAGO. *GUAYNÊ DERROTA A COBRA GRANDE*: UMA HISTÓRIA INDÍGENA/TIAGO HAKIY; ILUSTRADO POR MAURÍCIO NEGRO. BELO HORIZONTE: AUTÊNTICA EDITORA, 2013.

LALAU E LAURABEATRIZ. *ZUM-ZUM-ZUM E OUTRAS POESIAS*. SÃO PAULO: COMPANHIA DAS LETRINHAS, 2007.

MEDINA, SINVAL; BUENO, RENATA. *CACHORRO TEM DIA DE CÃO?* SÃO PAULO: EDITORA DO BRASIL, 2012.

MIGUEZ, FÁTIMA. *SE ESSA RUA FOSSE MINHA*. RIO DE JANEIRO: NOVA FRONTEIRA, 2013. [LIVRO ELETRÔNICO]

NANI. *ABECEDÁRIO HILÁRIO*. BELO HORIZONTE: ABACATTE, 2009.

NICOLA, JOSÉ DE. *ALFABETÁRIO*. 3. ED. SÃO PAULO: MODERNA, 2017. (COLEÇÃO GIRASSOL).

PADILHA, PAULA. POR QUE AS ZEBRAS SÃO LISTRADAS? REVISTA *CIÊNCIA HOJE DAS CRIANÇAS* (*ON-LINE*). DISPONÍVEL EM: HTTP://CHC.ORG.BR/POR-QUE-AS-ZEBRAS-SAO-LISTRADAS/. ACESSO EM: 20 JUL. 2022.

ROCHA, RUTH. *TODA CRIANÇA DO MUNDO MORA NO MEU CORAÇÃO*. SÃO PAULO: ÁTICA, 2007.

RODRIGUES, JUÇARA. *O GATINHO XEXÉU*. PORTO ALEGRE: ELEFANTE LETRADO, 2014. [LIVRO ELETRÔNICO]

SOMBRA, FÁBIO. *ONÇA, VEADO, POESIA E BORDADO*. SÃO PAULO: MODERNA, 2013.

SOUSA, MAURICIO DE. *AS TIRAS CLÁSSICAS DA TURMA DA MÔNICA*. V. 7. BARUERI: PANINI, 2011.

SOUSA, MAURICIO DE. *TURMA DA MÔNICA E O ABC*. SÃO PAULO: MELHORAMENTOS, 2008.

TELLES, CARLOS QUEIROZ. *ABOBRINHA QUANDO CRESCE*. SÃO PAULO: MODERNA, 2010.

VASQUES, MARCIANO. *DUAS DEZENAS DE TRAVA-LÍNGUAS*. SÃO PAULO: NOOVHA AMÉRICA, 2009.

LETRAS MÓVEIS

A	A	B	B	C	C
A	A	B	B	C	C
D	D	E	E	F	F
D	D	E	E	F	F
G	G	H	H	I	I
G	G	H	H	I	I
J	J	J	J	K	K

ALMANAQUE

Parte integrante da Coleção Eu Gosto M@is – Língua Portuguesa 1º ano – IBEP.

LETRAS MÓVEIS

ALMANAQUE

A	A	B	B	C	C
A	A	B	B	C	C
D	D	E	E	F	F
D	D	E	E	F	F
G	G	H	H	I	I
G	G	H	H	I	I
J	J	J	J	K	K

Parte integrante da Coleção Eu Gosto M@is – Língua Portuguesa 1º ano – IBEP.

LETRAS MÓVEIS

K	K	L	L	L	L
M	M	N	N	O	O
M	M	N	N	O	O
P	P	Q	Q	R	R
P	P	Q	Q	R	R
S	S	T	T	U	U
S	S	T	T	U	U

LETRAS MÓVEIS

V	V	V	W	W	X
X	Y	Y	Z	Z	Z
Á	É	Í	Ó	Ú	Ã
Â	Ê	Ô	Ã	Ã	Õ
BA	BE	BI	BO	BU	CA
CE	CI	CO	CU	ÇA	ÇO
ÇU	DA	DE	DI	DO	DU

ALMANAQUE

Parte integrante da Coleção Eu Gosto M@is – Língua Portuguesa 1º ano – IBEP.

LETRAS MÓVEIS

FA	FE	FI	FO	FU	GA
GO	GU	GE	GI	GUE	GUI
GUA	GUO	HA	HE	HI	HO
HU	NHA	NHE	NHI	NHO	NHU
LHA	LHE	LHI	LHO	LHU	CHA
CHE	CHI	CHO	CHU	JA	JE
JI	JO	JU	LA	LE	LI

ALMANAQUE

Parte integrante da Coleção Eu Gosto M@is – Língua Portuguesa 1º ano – IBEP.

LETRAS MÓVEIS

LO	LU	AL	EL	IL	OL
UL	MA	ME	MI	MO	MU
AM	EM	IM	OM	UM	NA
NE	NI	NO	NU	AN	EN
IN	ON	UN	PA	PE	PI
PO	PU	QUE	QUI	QUA	QUO
RA	RE	RI	RO	RU	AR

ALMANAQUE

LETRAS MÓVEIS

ER	IR	OR	UR	SA	SE
SI	SO	SU	AS	ES	IS
OS	US	TA	TE	TI	TO
TU	VA	VE	VI	VO	VU
XA	XE	XI	XO	XU	ZA
ZE	ZI	ZO	ZU	AZ	EZ
IZ	OZ	UZ	K	W	Y

ALMANAQUE

Parte integrante da Coleção Eu Gosto M@is – Língua Portuguesa 1º ano – IBEP.

PÁGINA 35 (CRACHÁ)

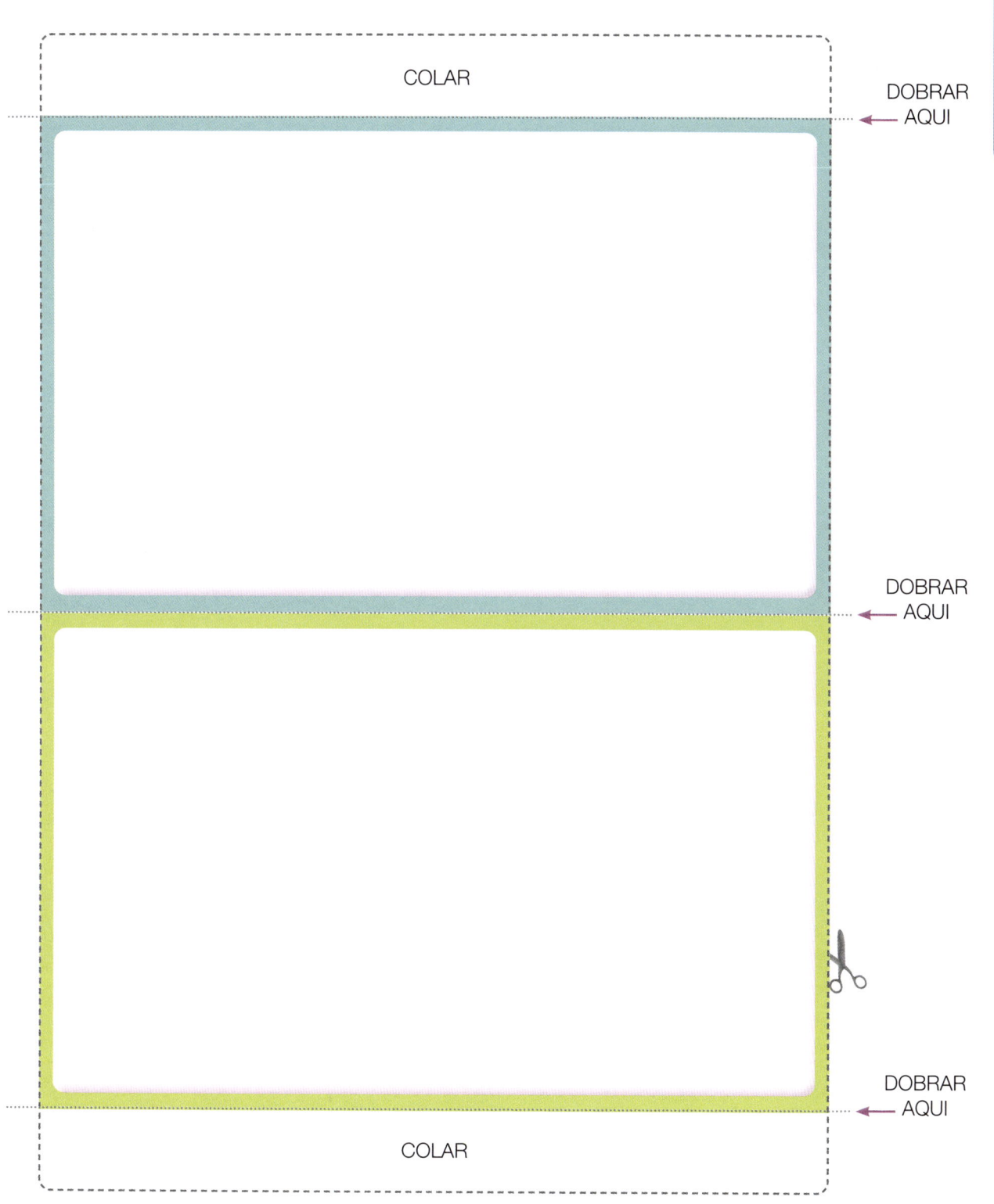

COLAR

DOBRAR AQUI

DOBRAR AQUI

DOBRAR AQUI

COLAR

ALMANAQUE

Parte integrante da Coleção Eu Gosto M@is – Língua Portuguesa 1º ano – IBEP.

PÁGINA 11

ILUSTRAÇÕES: JOSÉ LUIS JUHAS/ILUSTRA CARTOON

BOTA	BODE	BOIA
CAVALO	CAMISA	CABIDE
MALETA	MAÇÃ	MÁGICO
PERA	PENA	PERU

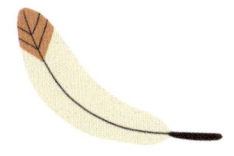

ADESIVOS

289

Parte integrante da Coleção Eu Gosto M@is – Língua Portuguesa 1º ano – IBEP.

PÁGINA 13

ILUSTRAÇÕES: JOSÉ LUIS JUHAS/ILUSTRA CARTOON

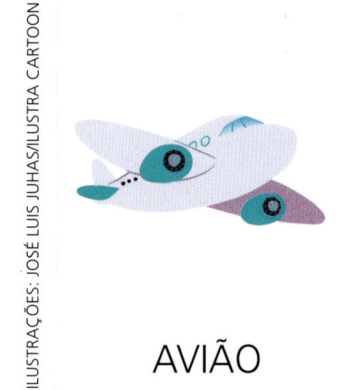

AVIÃO	LEÃO	CAMINHÃO
OVELHA	ORELHA	TELHA
PANELA	FIVELA	TIGELA
BESOURO	OURO	TESOURO

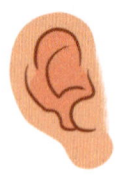

Parte integrante da Coleção Eu Gosto M@is – Língua Portuguesa 1º ano – IBEP.

ADESIVOS PARA COLAR ONDE QUISER

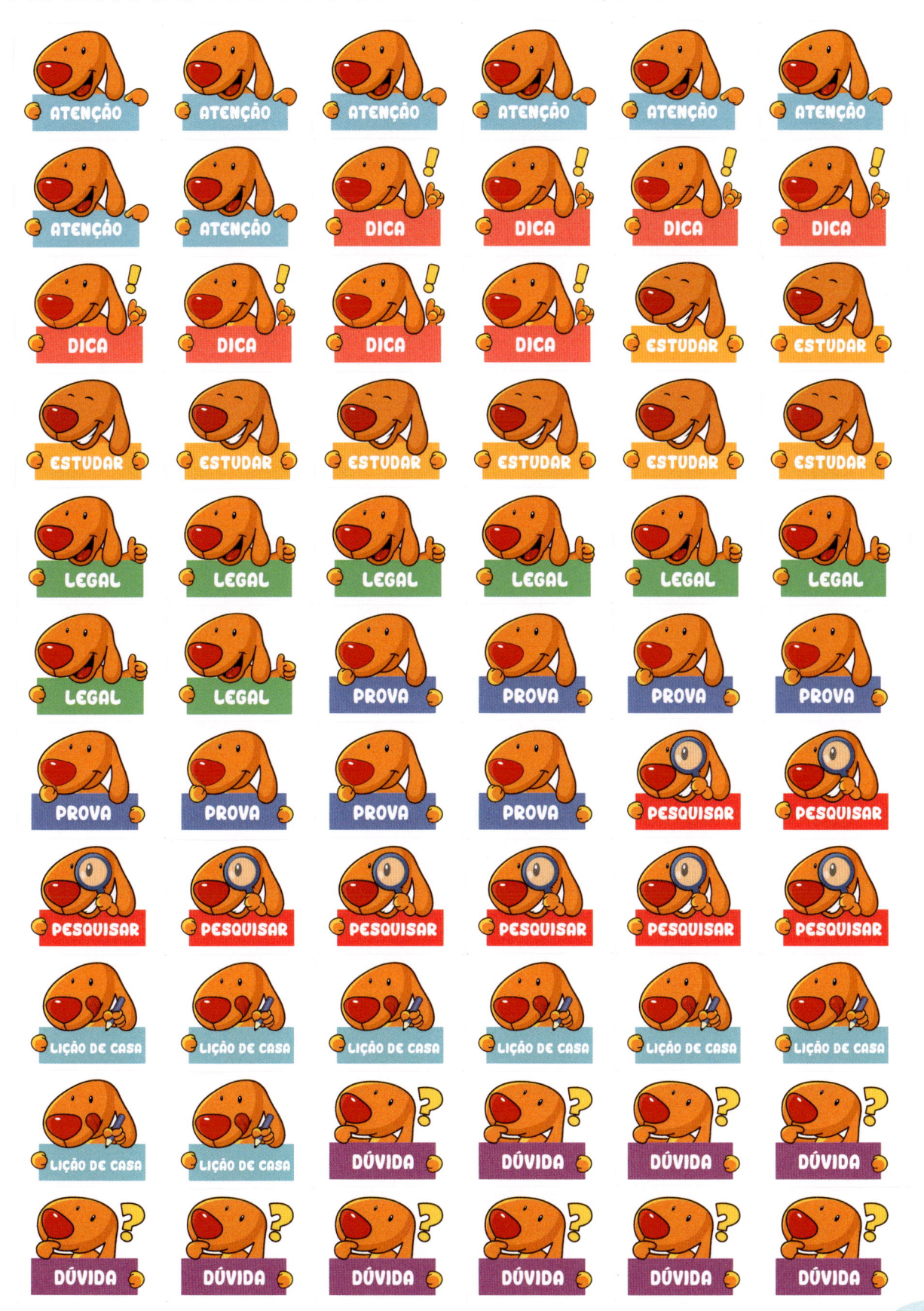

Parte integrante da Coleção Eu Gosto M@is – Língua Portuguesa 1º ano – IBEP.